HISTOIRE

DE

BLAISE DE MONTLUC

PREMIÈRE SÉRIE IN-8°

PARIS. — IMPRIMERIE ÉMILE MARTINET, RUE MIGNON, 2.

HISTOIRE

DE

BLAISE DE MONTLUC

PAR

D'AUVIGNY

PARIS

LIBRAIRIE D'ÉDUCATION

33, GRANDE-RUE (GRAND-MONTROUGE)

(Banlieu de Paris)

1882

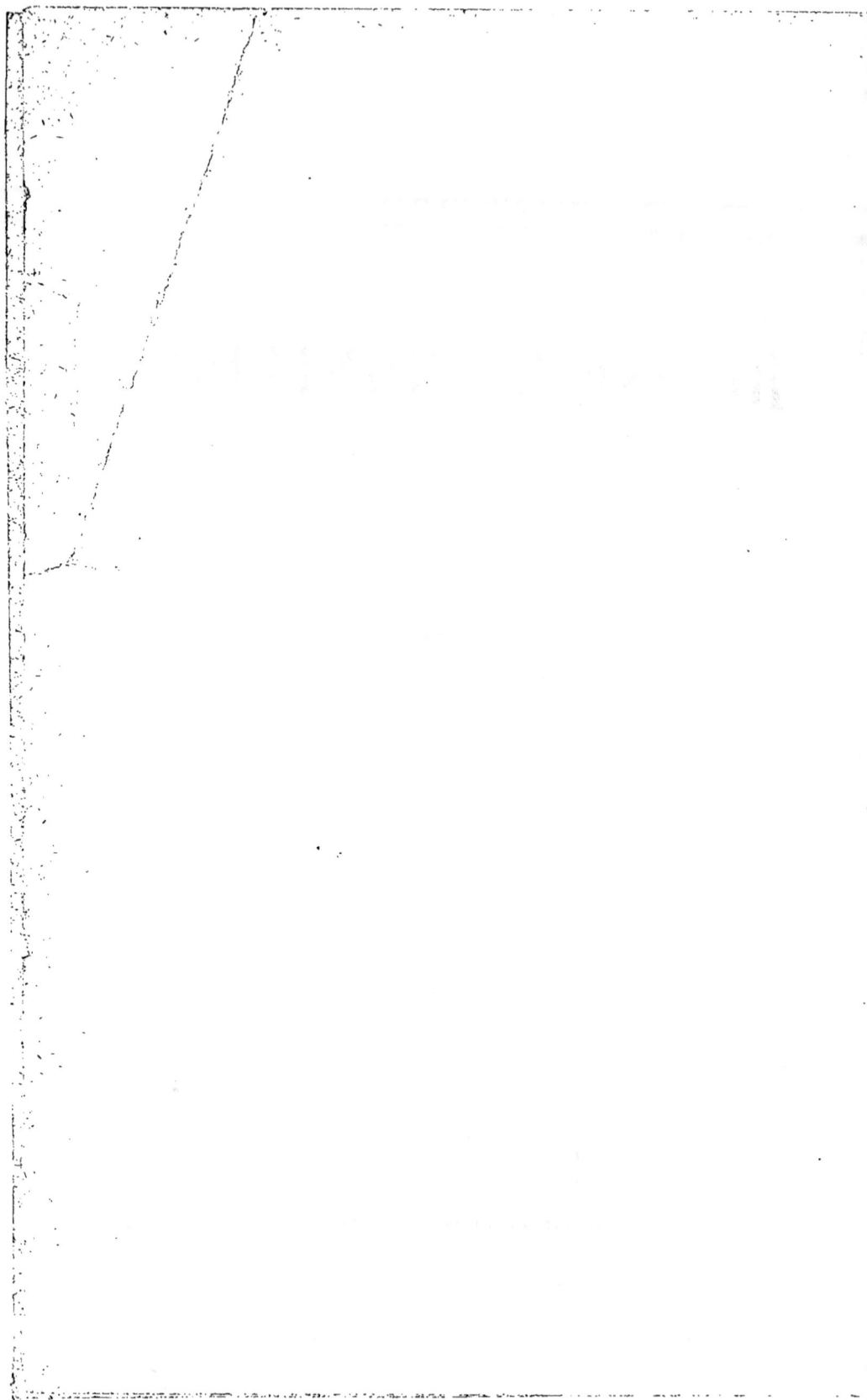

BLAISE DE MONTLUC

NOMMÉ COLONEL GÉNÉRAL DE L'INFANTERIE FRANÇAISE,
GOUVERNEUR DE SIENNE EN TOSCANE, COMMANDANT
POUR LE ROI EN GUYENNE ET MARÉCHAL DE FRANCE SOUS
LES ROIS HENRI II, FRANÇOIS II ET CHARLES IX.

Cette vie est celle d'un homme qui commença par être soldat, et dont les progrès lents, mais suivis et assurés, feront connaître comment avec des mœurs, de la conduite, de la capacité et du temps, on peut, sans le secours du hasard, sans bien et sans protecteurs, parvenir à une grande réputation et à une brillante fortune. Il passa par tous les grades militaires, et parvint successivement aux plus élevés. Il fut toujours fort employé dans les différentes situations de sa vie; de sorte qu'on trouvera dans son histoire, des détails certains, intéressants et circonstanciés sur les expéditions les plus importantes, exécutées sous ses yeux, pendant près de soixante et deux années qu'il porta les armes.

Blaise de Montluc naquit au château de ce nom, situé en Guyenne, dans le lieu de la province le plus abondant, mais fort éloigné de la mer et des pays stériles, où l'on aurait pu trafiquer du surplus des denrées. Ce défaut de commerce fait que l'argent est fort rare dans cette province. Le nom de Montluc est ancien, et cette maison est une des meilleures de la Guyenne; mais la fortune du seigneur de Montluc, père de celui dont il s'agit, était très médiocre, son revenu se montait au plus à mille

1

livres. Voilà tout ce qu'il avait pour se soutenir et pour
donner de l'éducation à six enfants, dont celui-ci était
l'aîné : deux d'entre eux avaient déjà embrassé l'état ecclésiastique; celui-ci fut destiné au métier des armes; mais
il fut d'abord page du duc Antoine de Lorraine. Il resta
auprès de ce prince jusqu'à l'âge de seize ans, il en sortit
alors pour entrer dans le service; son premier emploi fut
celui de simple soldat dans la compagnie d'un de ses parents, qui loin d'adoucir son service, le rendit encore plus
difficile, afin de l'accoutumer de bonne heure aux grandes
fatigues auxquelles il était aisé de prévoir que ce gentilhomme devrait son avancement. Aussi remarqua-t-on dans
tout le cours de la vie de Montluc, un reste de ce courage
brusque, propre aux soldats, peu de pitié comme eux, un
esprit de détail, et dans la plupart de ses actions, des
marques d'une bravoure, dont il fut autant redevable
à l'habitude qu'à la nature. Son père en l'envoyant à la
guerre, lui avait donné un cheval, des armes et vingt pis-
toles, en quoi consistait toute sa légitime; cet équipage
modeste fut le premier fond d'un soldat qui mourut fort
riche et maréchal de France.

Montluc servit en qualité d'archer dans la compagnie
d'hommes d'armes du duc Antoine, que commandait le
Chevalier Bayard; mais ayant entendu parler des grands
exploits de guerre qui se faisaient en Italie, il résolut d'y
aller demander de l'emploi au maréchal de Lautrec, auprès
duquel servaient deux de ses oncles. Ce général à qui Montluc fut recommandé, lui donna une place d'archer, et ce
fut avec la paye modique de ce dernier des emplois militaires, que Montluc fut obligé de s'entretenir pendant
quelques années. Il était réduit à user d'une grande économie pour suffire à tout, et l'habitude la lui ayant fait
conserver jusque dans la haute fortune où son mérite le
fit parvenir, on lui reprocha un peu d'avarice; ce qui n'était
dans son principe qu'une sage précaution, devint dans la
suite un défaut. Les places d'archer, quoique les dernières
de l'armée, n'en étaient pas moins recherchées, et souvent
une de ces places était occupée par deux ou trois seigneurs,
ce qui engageait les gentilshommes, archers comme eux,

à de grandes dépenses. Pour subvenir au plus nécessaire, Montluc était obligé de se retrancher bien des choses; il porta l'économie, ainsi qu'il le dit lui-même, jusqu'à se priver souvent de vin, réservant cette liqueur pour se fortifier avant ou après un grand travail; il ne jouait jamais, et ne se trouvait à aucune partie de plaisir, dans la crainte de se voir réduit à ne pouvoir remplir son service.

La guerre s'étant déclarée plus fortement que jamais en Italie, entre le roi et l'empereur, Montluc chercha à se trouver dans les occasions les plus périlleuses; en deux jours il perdit deux chevaux qui furent tués sous lui, ils lui furent rendus par M. de Rocquelaure, cousin-germain de sa mère; il en perdit encore trois autres peu de jours après, ce qui aurait épuisé pour jamais toute sa fortune, si la valeur du jeune Montluc ne lui avait donné un grand nombre de protecteurs, dont la générosité répara ses pertes. Ils le délivrèrent même de prison, où sans doute ce gentilhomme serait resté jusqu'à la paix, s'il n'avait eu pour s'en tirer que le secours de sa famille. Peu de temps après Montluc se trouva à la bataille de la Bicoque, combattant à pied aux côtés du seigneur Anne de Montmorency, depuis Connétable de France, dont il acquit l'estime et l'amitié; mais les troubles survenus depuis en France, et la division des premières têtes de l'État, privèrent Montluc d'une aussi puissante protection; l'éducation qu'il avait reçue chez le duc Antoine de Lorraine, le porta dans le parti des Guises, qui était contraire à celui du Connétable.

L'infortune des Français dans le duché de Milan, après la bataille de la Bicoque, les obligea d'abandonner cette belle province pour revenir en France.

Les hommes d'armes ayant soutenu longtemps l'effort des ennemis dans le dernier combat, un grand nombre d'entre les plus braves y avaient péri, ce qui laissait plusieurs places vacantes; on en donna une à Montluc, et comme on savait son peu de fortune, on y ajouta une paye d'archer à la solde ordinaire; mais la guerre changeant de lieu et les troupes de dispositions, il se trouva peu après obligé d'abandonner cette place avantageuse, pour entrer dans l'infanterie, où il servit jusqu'à la fin de ses jours.

Les ennemis vainqueurs de toutes parts, après avoir fait rentrer les Français dans leur pays, en menaçaient les frontières et particulièrement les provinces maritimes. Lautrec revenu en Guyenne, craignit pour Bayonne, la plus forte et la dernière place de la Guyenne, dont la conquête aurait donné entrée aux ennemis jusque dans le cœur du royaume. Ce général ne voulant confier à personne la défense d'une place aussi importante, s'y jeta lui-même avec ce qu'il put rassembler d'infanterie, laissant ordre à d'autres troupes de venir former un camp au dessus de la ville, afin de se trouver en état de recevoir continuellement de nouveaux secours, et de pouvoir opposer aux ennemis une armée qui aurait le temps de se grossir à l'abri des murailles de Bayonne. Ce fut dans ces troupes et dans la compagnie du capitaine la Clotte, que Montluc prit une enseigne; en ce temps-là, les officiers de ce grade n'étaient attachés que pour un temps au corps où ils se trouvaient employés. Ils changeaient d'enseigne suivant les occasions et la disposition en appartenait absolument au capitaine. La Clotte, avec quelques autres compagnies, fut commandé à quelques jours de là pour aller reconnaître les ennemis qui étaient campés à Saint-Jean de Luz. On leur donna environ cent gendarmes pour les soutenir, M. de Lautrec avait réglé ce petit nombre sur le peu d'apparence que les partis ennemis fussent du côté où il envoyait le sien.

Ils arrivèrent tous ensemble sans risque jusqu'à un quart de lieue de Saint-Jean de Luz, sur le haut d'une colline fort étendue, et dont la pente était bornée par un ruisseau étroit, mais assez profond. Le capitaine Carbon, comme le plus ancien, commandait toute la troupe; il laissa toute son infanterie sur le haut de la colline : il prit avec lui quarante chevaux et tous les gendarmes, il descendit la colline, passa le ruisseau, d'où il s'avança à la vue des ennemis : là, il fit halte; ce capitaine ne voyant aucun mouvement dans le camp impérial, fit faire durant une heure un grand bruit de ses trompettes pour braver les ennemis; enfin il revenait sur ses pas, surpris de leur lâcheté, lorsque deux ou trois des siens qui s'étaient plus avancés que le gros de la troupe, vinrent à toute bride l'avertir que l'armée ennemie s'avançait pour le combattre.

Carbon sur cet avis s'arrêta pour mettre sa troupe en ordre et faire tête aux premiers escadrons, ne pouvant croire que toute une armée voulût s'ébranler contre un seul détachement; il culbuta en effet les premiers ennemis qui se présentèrent; mais voyant venir à lui plusieurs nouveaux escadrons pour l'envelopper, il commença à se troubler et à se mettre en désordre. Son infanterie remarquait bien du haut de la colline où il l'avait placée, son extrême péril; mais elle remarquait en même temps dans le fond de la plaine, de nouveaux ennemis qui venaient seconder les premiers; ce qui faisait croire aux plus résolus, que Carbon et les siens étaient perdus sans ressource. Montluc proposa cependant à la Clotte de faire avancer l'infanterie pour tenter de dégager les gendarmes; Lautrec lui remontra que ce serait s'exposer à être haché en pièces avec eux, les ennemis se trouvant dix contre un.

Cependant les gendarmes ranimés par le seigneur de Grammont qui combattait avec eux, se soutinrent avec beaucoup de valeur, tâchant de s'avancer le plus promptement qu'il serait possible vers le ruisseau, afin de le mettre entre eux et les ennemis; mais comme ils s'avançaient avec succès, Grammont fut renversé, et son cheval tué sous lui. L'effort que fit ce seigneur pour se dégager, et le secours qu'on voulut lui donner, augmentèrent encore le désordre, ce qui donna plus de temps aux ennemis pour se fortifier, et plus d'inquiétude à l'infanterie, qui ne pouvait se sauver sans le secours des gendarmes. Montluc représenta alors à la Clotte, qu'y ayant un danger presque égal à aller soutenir la gendarmerie, ou à se retirer sans elle, on devait préférer le parti le plus glorieux et qui offrait le plus d'espérance. Les officiers ne lui répondirent autre chose, sinon : *Ah! nous sommes tous perdus. Croyez-vous que nos fantassins veuillent vous suivre à la boucherie.* Alors Montluc regardant le désespoir de ses chefs comme un motif de s'emparer de l'autorité, dit aux soldats : *Allons, enfants, allons secourir nos gendarmes.* Cent d'entre eux le suivirent, les autres restèrent effrayés du péril, qui en effet semblait inévitable. Montluc passa le ruisseau avec cette troupe, jetant vingt hommes sur une de ses ailes, avec ordre de coucher les ennemis en joue sans jamais tirer; afin que les tenant ainsi en inquiétude, il eût le temps de faire ses charges avec plus d'ordre et de succès.

Carbon désespéré de s'être jeté dans un si grand péril, faisait les plus grands efforts pour se dégager, sans néanmoins oser l'espérer; mais lorsqu'il vit Montluc, le courage lui revint : *O Montluc, mon ami*, s'écria-t-il, *pousse hardiment, je ne t'abandonnerai pas.* Le premier avait si bien pris ses mesures, qu'en faisant tirer à la tête des chevaux, il en avait abattu près de cinquante à la première charge, ce qui aurait suffi pour mettre le désordre parmi les ennemis, s'ils n'eussent été à chaque instant secourus par leurs compagnons. Le capitaine Carbon profitant de ce moment de relâche, prit au galop le chemin du ruisseau, qu'il passa avec toute sa cavalerie, les gendarmes, démontés se tenant à la queue des chevaux des autres. Alors Montluc demeura seul à l'entrée de la plaine, avec cent hommes seulement, contre plus de sept à huit cents chevaux; il regarda de toutes parts, et voyant un petit tertre escarpé au-delà du ruisseau, il y courut et de là fit un feu si terrible, que les ennemis lui donnèrent le temps de mettre entre eux et lui un fossé assez large, pour ne pouvoir être franchi par les chevaux. Pendant qu'ils cherchaient un gué, Montluc s'avançait à grands pas vers le camp où les gendarmes français s'étaient déja rendus.

Les ennemis le suivirent avec obstination, le retardant autant qu'il leur était possible, pour donner le temps à un corps d'infanterie de leur armée, de joindre Montluc. Cet officier était perdu sans ressource, s'il eût été capable de craindre; mais continuant de marcher avec résolution, de se défendre jusqu'à l'extrémité, il rencontra un marais qui suffisait pour le couvrir entièrement d'un côté, il l'était de l'autre par un fossé; de sorte, qu'il marcha ainsi sans risque environ un quart de lieue; les gendarmes ennemis le poursuivaient avec moins d'ardeur, depuis que la cavalerie Française était en sûreté; ils ne jugeaient pas à propos d'achever la défaite d'une poignée de soldats, aux prix des hommes et des chevaux qu'elle pouvait leur coûter. Cependant ils suivaient Montluc dans l'espérance de le tailler en pièces, aussitôt qu'il aurait perdu le ruisseau et le marais qui le couvraient.

Montluc pénétrant leur dessein, fit halte un moment, pour donner le temps à ses soldats de reprendre haleine, et à M. de Lautrec de lui envoyer du secours. Au sortir de la tête du marais, il se jeta dans un verger fermé de fortes haies, et de là dans un autre, et enfin dans un cimetière entouré de murailles; en un instant il se trouva environné de la cavalerie et de l'infanterie des ennemis, à l'exception d'un seul côté, qui aboutissait à une rue du village, bordée en cet endroit-là de quelques maisons. Montluc se jeta à la hâte dans ce chemin, fit doubler le pas à ses soldats, afin de gagner avant les ennemis une rivière, dont les bords escarpés le couvriraient contre leur cavalerie, s'il venait à bout de la passer. Cette rivière peu éloignée de Bayonne avait un pont, au bout duquel le capitaine Carbon avait placé quelques chevaux, pour favoriser la retraite de Montluc, si la fortune l'amenait jusque-là; mais ce dernier se trouvant trop au dessous du pont pour le gagner, sans courir risque d'être coupé par les ennemis, il se jeta suivi de toute sa troupe à corps perdu dans la rivière, qu'il passa sans autre perte que de trois hommes. Ensuite il gagna le pont de l'autre côté de la rivière, où il se joignit aux troupes que le capitaine Carbon y avait laissées. Ce secours était trop faible pour arrêter les ennemis; mais il suffisait pour sauver Montluc, qui trouvant ses archers dégarnis de flèches et ses arquebusiers sans poudre, leur fit mettre l'épée à la main, pour montrer aux ennemis que pour avoir perdu quelques moyens de se battre, il n'en était pas moins résolu à les attendre. A cette vue les ennemis rebutés, s'arrêtèrent quelque temps, et reprirent ensuite le chemin du camp, laissant à Montluc la liberté de regagner Bayonne.

Au bruit du combat et de la défaite du capitaine Carbon, M. de Lautrec avait fait mettre toute sa garnison sous les armes, et lui-même était sorti jusque sur les glacis de la place. Voyant arriver Carbon tout couvert de sueur et de

sang, suivi de quelques gendarmes, les uns blessés, les autres
démontés, il demanda en colère à ce capitaine, si c'était
ainsi qu'il exposait ses troupes et l'honneur de la France :
Ah! Monseigneur, lui répondit Carbon, *il est vrai que j'ai
fait une grande folie, jamais il ne m'est rien arrivé de
pareil; je serai plus sage à l'avenir.* Lautrec lui demanda
ensuite ce qu'était devenu Montluc. Carbon répondit qu'il
s'était perdu pour les sauver, et qu'il était inutile de
l'attendre; mais dans le temps qu'il parlait ainsi, deux
cavaliers vinrent apprendre au maréchal que Montluc
s'avançait avec toute sa troupe. M. de Grammont, qui
reconnaissait lui devoir la vie, prit soin de détailler au
maréchal tout ce qu'avait fait Montluc; et cet officier étant
arrivé, M. de Lautrec lui dit en l'embrassant dans le jar-
gon de leur commun pays : *Montluc, mon ami, je n'oublierai jamais le service que vous avez rendu au roi,
je m'en ressouviendrai tant que je vivrai.*

En effet, ce général, le plus fier de tous les seigneurs de
son temps, même avec ses égaux, ne le parut jamais avec
Montluc; il lui donna peu de temps après une compagnie
complète de trois cents hommes de pied, quoiqu'il eût à
peine vingt ans : mais la prise de Fontarabie par les
ennemis, jointe à quelques autres pertes, et la désertion du
Connétable de Bourbon, ayant réduit le roi à réformer
quelques-unes de ses troupes en Guyenne, la compagnie de
Montluc se trouva du nombre; ainsi sa fortune élevée avec
peine, se trouva tout à coup renversée par cet accident,
et de capitaine il redevint volontaire dans l'armée de Provence, que le grand Maître de Montmorency commandait
contre le Connétable de Bourbon.

Après cette campagne, qui se passa sans combat, Montluc
suivit le roi au siège de Pavie, et fut pris à la tête des
enfans perdus, le jour de la bataille; les vainqueurs avaient
chacun des prisonniers d'importance dont ils espéraient
tirer une forte rançon. L'officier entre les mains duquel
était tombé Montluc et deux autres gentilshommes de ses
voisins, lui demanda qui ils étaient : *Nous sommes Gascons,*
répondit-il, *et gentilshommes, mais sans autre bien que
notre courage et l'espérance. Allez donc,* leur dit l'officier

espagnol, *je vous rends votre liberté ; souvenez-vous comment les soldats de ma nation en usent avec les soldats de la vôtre.* Cette générosité qui fut très applaudie serait devenue inutile peu de jours après ; car le Connétable de Bourbon accablé du nombre des prisonniers, donna ordre à tous ceux qui seraient prouvés hors d'état de payer rançon de se retirer aussitôt, afin d'épargner les vivres. Il les obligea même de partir sans en emporter ; de sorte, que depuis Pavie jusqu'à Embrun, les Français ne mangèrent que des choux et d'autres légumes qu'ils cueillaient dans les champs.

Montluc se retira dans la maison de son père, plus pauvre encore qu'il n'en était parti, et il y demeura jusqu'à ce que la guerre fût déclarée entre le roi et l'empereur. M. de Lautrec lui envoya une commission de capitaine de huit cents hommes, avec lesquels il le suivit au royaume de Naples. Le premier siège où Montluc se trouva, fut celui d'Ascoli, ville forte par sa situation, et par le nombre de bons soldats qui composaient la garnison. Il souhaitait depuis longtemps de se trouver à un siège, les occasions périlleuses pouvant seules avancer sa fortune ; sa résolution était de courir tous les risques du premier assaut, de monter à la brèche et d'y mourir, ou d'entrer le premier dans la ville. Montluc exécuta ce dessein, mais avec beaucoup plus de danger qu'il n'avoit pu le prévoir. Les ennemis avaient une seconde muraille assez faible, mais à laquelle le canon affaibli par la résistance de l'autre, n'avait fait qu'un trou peu spacieux.

Montluc suivi des gens de pied français et allemands, franchit la brèche, et passe par ce trou avec quinze ou vingt soldats, croyant être suivi par les autres ; mais les ennemis avaient eu le temps de renverser une grosse pierre pour boucher ce passage ; de sorte que Montluc se trouva avec sa petite troupe enfermé dans la ville. On tirait sur lui, non seulement de la rue, mais encore des fenêtres et du haut des maisons. Il reçut d'abord un coup qui lui perça la rondache et le bras de part en part au-dessus du poignet ; ensuite un autre sur la jointure de l'épaule et du bras qui lui fit perdre le sentiment ; il tomba en cet état contre le trou de la muraille, d'où ceux de ses gens qui étaient demeurés dehors lui voyant seulement les jambes, le tirèrent avec tant de force, le croyant mort, qu'ils lui disloquèrent les bras et les jambes, et le laissèrent rouler tout le long de la brèche jusqu'au fond du fossé. La douleur de cette chute lui rendit le sentiment ; et se persuadant que le bras blessé, dont il avait perdu l'usage, était demeuré dans la ville, il demanda qu'on allât le chercher, se plaignant amèrement des soldats qui l'avaient abandonné.

La Bastide, lieutenant de Montluc, ému des plaintes de ce capitaine, le fait asseoir sur la brèche, prend des échelles, et recommence un nouvel assaut, voulant, disait-il aux soldats, venger leur chef. Quelques-uns voulurent emporter Montluc ; mais il le refusa, encourageant ses soldats de la voix, et leur montrant le sang dont il était couvert ; enfin la ville fut emportée avec un grand massacre, quoique Montluc priât avec beaucoup d'instance qu'on épargnât le sang des ennemis, et surtout les femmes et les filles ; mais les soldats plus animés par la vue de ses blessures, que contenus par ses discours, tuèrent tout jusqu'aux femmes et aux enfans, et réduisirent ensuite la ville en cendres.

On rapporta Montluc dans sa tente, où ses plaies ayant été visitées, les chirurgiens conclurent à lui couper le bras. Il ne pouvait se résoudre à souffrir cette opération, ni se consoler de demeurer estropié pour toute sa vie dans une si grande jeunesse. Il avoit fait prisonnier quelque temps auparavant un jeune chirurgien, qui avait servi M. le Connétable de Bourbon, lui seul étoit d'avis qu'on ne coupât point le bras à Montluc, son sentiment fut préféré.

Cependant M. de Lautrec, à qui on avait fait tout craindre pour la vie de Montluc, s'il ne se soumettait à l'opération, lui envoya dire qu'il le priait de ne pas s'exposer à périr, en craignant de perdre sa fortune avec son bras ; que si le roi ne lui donnait pas de quoi vivre, sa femme et lui avaient quarante mille livres de rente, dont ils l'aideraient avec joie tout le reste de sa vie. Montluc le fit remercier de ses bontés, en lui disant que les quarante mille livres de rente en entier, ne le consoleraient pas de la perte de son bras, et qu'il était résolu de vivre et de mourir tout entier. On porta cette réponse à M. de Lautrec, qui dit : « Montluc » fait bien ; aussi me repentais-je de lui faire perdre son bras ; » car s'il fût mort, je me le serais toujours reproché ; et » d'un autre côté, je l'eusse vu avec peine vivre sans bras. » Enfin il le fit porter à Termes de Bresse, chez un gentilhomme à lui, et emmena deux des principaux de la ville, pour sûreté de sa personne.

Montluc demeura dans cette ville environ trois mois, au bout desquels se trouvant en état de supporter la litière, il se rendit à l'armée, qui était campée alors dans la terre de labour. Son intrépidité lui avait acquis l'amitié du fameux Pierre de Navarre, soldat de fortune, comme lui ; il parla fortement en sa faveur au maréchal de Lautrec, et obtint pour lui la confiscation d'une terre de douze cents ducats de rente, nommée la Tour de la Nunciade, une des premières baronnies du royaume de Naples. Ce bienfait, joint aux appointements de Montluc, le rendit un des plus riches capitaines de l'armée ; mais le sort tarda peu à lui faire éprouver un second revers.

Les Français perdirent bientôt après le royaume de Naples, et Montluc toute la fortune qu'il avait dans ce pays-là. Il revint donc encore une fois en France, aussi pauvre qu'il en était parti, mais avec plus de service et plus de gloire. Les ennemis même avouaient qu'ils n'avaient jamais vu un Français plus brave que lui. Cette louange, à ce que rapporte Montluc lui-même, le satisfit autant que le don de la plus belle terre du royaume ; cependant avec ces idées d'honneur, il revenait en France le bras en écharpe, la cuisse enveloppée, et faisant à pied toute la route, mangeant et buvant seulement quand il était assez heureux pour trouver de quoi satisfaire ses besoins.

En arrivant dans la maison paternelle, Montluc y trouva cinq de ses frères qui étaient tous dans une grande nécessité. Aucun d'eux ne fut en état de l'aider, et pour surcroît de malheur, il fut trois ans entiers sans pouvoir se servir de son bras. Pendant cet espace de temps, la plupart des protecteurs de Montluc, blessés ou faits prisonniers à la bataille de Pavie, moururent, et ces divers

accidents causèrent tant de chagrin à Montluc, qu'il se
trouva, dit-il, beaucoup plus à plaindre et plus embarrassé
que quand il sortit d'être page. En cet état il souhaitait la
guerre avec beaucoup d'ardeur, pour avoir un moyen de
réparer sa mauvaise fortune.

Ce fut à peu près dans ce temps-là, que François Ier forma
des légions à l'imitation des Romains ; il divisa chaque
légion en compagnies de mille hommes, dont une fut
donnée au capitaine Faudoas et la lieutenance à Montluc.
Faudoas était sénéchal de Toulouse et fort riche ; Montluc
fut chargé de tout le détail de la compagnie : il leva les
hommes, choisit les centeniers, chefs d'escouades et autres,
parmi les plus braves gentilshommes de Gascogne qui
avaient servi avec lui ; ce qui rendit la compagnie de Faudoas une des plus belles de l'armée.

L'empereur ayant attaqué la Provence, le roi y fit
marcher toutes les légions ; celle où était la compagnie de
Montluc se rendit à Marseille, pour renforcer la garnison
de cette ville, dont on craignait que l'empereur ne fît le
siège. Ce monarque étant entré dans la Provence avec
beaucoup de promptitude, n'avait pu faire passer les
monts à sa grosse artillerie, qu'il fut obligé d'attendre
longtemps à Arles avant de pouvoir rien entreprendre, ce
qui le força de consommer la plus grande partie des vivres
qu'il avait amenés d'Italie. Pour le gêner encore davantage, le roi ordonna au baron de la Garde et au capitaine
Torrine, de brûler tous les moulins qui étaient vers Arles,
ce qu'ils exécutèrent avec beaucoup de succès ; mais il en
restait un, nommé le moulin d'Auriole, d'où l'empereur
tirait assez de farine pour la consommation de sa maison,
et de six mille vieux soldats espagnols, qu'il regardait
comme la force de son armée.

Le roi, averti de l'embarras où la ruine de ce moulin
plongerait l'empereur, manda aux seigneurs de Barbezieux
et de Montzepat de le faire brûler à quelque prix que ce
fût. On le proposa au capitaine du Guast, homme déterminé et capable de toutes sortes d'entreprises, mais qui
néanmoins refusa celle-là, alléguant que de Marseille au
moulin d'Auriole, il y avait cinq lieues et quatre seulement

du camp de l'empereur, d'où l'on ne manquerait pas d'envoyer contre lui assez de troupes pour l'accabler ; que d'ailleurs le moulin était situé aux pieds d'une petite ville, où il y avait assez de soldats pour le battre, quand même l'empereur ne leur enverrait point de secours ; qu'il y avait aussi des rivières à passer, des collines, des villages, des ravins, tous obstacles capables de l'arrêter et de le livrer aux ennemis ; et que quand même il serait assez heureux pour brûler le moulin, il était impossible à ses soldats de faire dix lieues sans se reposer, et de se reposer sans se perdre.

Les gouverneurs de Marseille envoyèrent cette réponse au roi, qui faisant seulement attention au dernier article, manda sur le champ à M. de Barbezieux qu'il cherchât quelqu'un de plus zélé que du Guast, la destruction du moulin étant d'une si grande importance, qu'il croyait l'acheter peu cher, s'il ne lui en coûtoit que mille soldats, (tant on fait bon marché des hommes). Fonterailles, autre officier, connu pour un des plus braves de l'armée, refusa aussi de se charger de cette expédition, après en avoir bien examiné tous les inconvénients, ce qui causa beaucoup de dépit au roi. Enfin Montluc se présenta ; il avait pris une carte exacte et bien détaillée des lieux où il avait à passer pour se rendre au moulin d'Auriole ; et ses mesures, selon lui, étaient si justes, qu'avec un peu de fortune il comptait réussir. Son dessein fut proposé à M. de Barbezieux qui le loua beaucoup, mais qui par amitié pour sa personne, voulut d'abord le détourner de l'exécution. On avait offert mille hommes au capitaine du Gaust, Montluc n'en demanda que cent-vingt ; mais il les choisit entre les plus braves, les plus robustes et les plus dispos de la garnison ; il demanda aussi trois guides parfaitement instruits du pays.

M. de Barbezieux et Montpezat se récrièrent sur le petit nombre d'hommes que Montluc choisissait, et lui ordonnèrent d'en prendre davantage, ce qu'il refusa de faire, en disant qu'il lui suffisait de cent vingt hommes pour brûler un moulin par surprise, et qu'à l'égard du retour, il serait plus assuré avec un petit nombre qu'avec un plus grand, ne pouvant échapper à l'empereur s'il était poursuivi, que

par ruse et non par la force. Montpezat goûtant à demi
ses raisons, dit à M. de Barbezieux : *laissons-le aller, s'il se
perd, on ne pourra s'en prendre à nous, et le roi verra
qu'au moins on a tenté de le satisfaire.*

M. de Villebon qui avait grande autorité dans la ville,
était alors indisposé contre Montluc ; ne pouvant, disait-il,
souffrir sa présomption et ses bravades, il lui dit d'un air
railleur : *Je parie que M. de Montluc, non seulement avec
ses cent vingt hommes brûlera le moulin d'Auriole, mais
qu'il ira battre l'empereur, et nous l'emmènera prisonnier.* Montluc le regardant avec l'air brusque d'un soldat,
lui répondit : *Parbleu, monsieur, vous ressemblez au cogne
fêtu ; vous ne voulez rien faire ni rien laisser faire aux
autres.* M. de Barbezieux interrompit cette dispute, en
disant que puisque Montluc le voulait, il lui laissait la liberté
de partir. Alors pour que le projet ne transpirât pas, on
fit fermer les portes de la ville jusqu'à l'entrée de la nuit,
et Montluc se présenta à celle par où il devait sortir.

Toute la garnison de Marseille s'était rassemblée dans
cette rue, chacun voulait suivre Montluc ; M. de Barbezieux
était avec Montpezat au-delà du guichet de la porte, pour
voir sortir les soldats destinés à l'expédition ; ils les tiraient
par la main l'un après l'autre pour empêcher qu'il n'en
sortît de ceux que Montluc n'avait pas choisis. M. de Tavanes, depuis maréchal de France, s'obstina à le vouloir
suivre avec vingt gentilshommes de ses amis, tous braves
et propres à un coup de main. M. de Barbezieux apercevant Tavanes, voulut l'obliger à rentrer dans la ville ; mais
celui-ci s'obstina de telle sorte, que le gouverneur fut
contraint de le laisser aller, de façon que dans les cent
vingt soldats de Montluc, il se trouva près de quatre-vingts
gentilshommes. Montluc s'avança à la faveur de la nuit
dans un grand silence : tout-à-coup il entendit le bruit
d'une troupe de cavalerie derrière lui c'était ; M. de Cartelpers, lieutenant de M. de Montpezat, qui étant lié d'a-
mitié avec Montluc, avait voulu le suivre ; il était accompagné de vingt hommes d'armes, qui furent d'un grand
secours à Montluc.

Quand ce capitaine fut arrivé à quelques lieues, il donna

soixante hommes au centenier de la compagnie, avec ordre
de s'éloigner de lui de cent pas, et de marcher d'un pas
réglé pour se trouver toujours à la même distance; il lui
donna un guide, un autre à Cartelpers, qui prit le grand
chemin, il garda le troisième et continua sa route dans un
grand silence. Enfin ils trouvèrent les montagnes voisines
d'Auriole, qu'ils eurent beaucoup de peine à traverser,
ayant choisi exprès, pour être moins exposés aux découvertes, les chemins les moins pratiqués.

Après avoir franchi ces obstacles, Montluc arriva au
bourg d'Auriole. Il posta son lieutenant à la porte même
dans deux maisons, avec ordre d'empêcher la garnison de
sortir, et de ne point quitter ce poste pour venir le secourir.
Montluc alla ensuite droit au moulin; mais pour y aller il
fallait passer le long de la muraille du bourg; les sentinelles l'entendirent, et crièrent, qui vive? Montluc répondit
Espagne, au lieu d'*Empire*. La sentinelle s'apercevant de
l'erreur du mot, tira son coup d'arquebuse, ce qui fit
prendre les armes à la garnison. Montluc voyant qu'il n'avait
plus de temps à perdre, voulut se jeter à corps perdu dans
le moulin; mais il en trouva la porte fermée avec une
barre de fer et un coffre derrière; on vint à bout de la
rompre à coups de hache, et les soldats entrèrent à la file.
Montluc et M. de Tavannes furent longtemps presque seuls
dans la salle basse du moulin; les soldats qui le gardaient
au nombre de soixante, étant montés au-dessus où ils se
défendaient avec avantage, Montluc ordonna d'enfoncer la
couverture du moulin pour les déloger, ce que les ennemis ayant entendu, ils se jetèrent la plupart dans la rivière, et le reste fut tué.

Cependant le gouverneur du bourg entendant le bruit
du combat, voulut aller au secours du moulin avec toute sa
garnison; mais il fut arrêté à la porte du bourg par le lieutenant que Montluc y avait laissé. Le gouverneur se battit
avec intrépidité, mais ses efforts furent inutiles, il lui fut
impossible de passer, et il vit du haut du bourg l'incendie
du moulin, dont Montluc fit rouler les meules dans la
rivière et emporter tous les ferrements, afin que les ennemis ne pussent le rebâtir. Après cette expédition, Montluc

jugeant que son lieutenant devait soutenir avec beaucoup de peine l'effort de la garnison, pria M. de Cartelpers de se montrer aux ennemis avec ses vingt chevaux, pour ôter aux Impériaux l'envie de sortir; ensuite il alla retirer son lieutenant, et reprit au grand pas le chemin de Marseille. Les ennemis les voyant descendre de la montagne, s'aperçurent de leur petit nombre, et firent une sortie; mais Montluc avait déjà gagné une colline voisine, d'où bientôt il les perdit de vue. Ce capitaine avait pris en allant le chemin le plus difficile, afin que les soldats trouvassent du délassement dans la facilité du retour : Montluc ne voulut pas leur permettre de faire halte, et ils mangèrent en marchant du pain qu'il avait eu la précaution de faire emporter avec eux.

Lorsqu'ils furent à deux lieues de Marseille, Montluc entendit un bruit terrible du canon de la ville et des galères, ce qui lui fit croire que l'empereur l'avait enfin investie; cette persuasion, quoique fausse, lui fut extrêmement utile; car elle le fit penser à changer de route et à traverser le chemin montagneux qui conduit aux pieds de Notre-Dame de la Garde, d'où il espérait qu'on lui donnerait les moyens d'entrer dans la ville. Ce chemin était beaucoup plus long que celui qu'il avait eu dessein de suivre, et les soldats qui avaient marché toute la nuit, furent encore obligés de marcher tout le jour. Pour surcroît de malheur, le gouverneur de Notre-Dame de la Garde n'ayant eu aucun avis de leur arrivée, les prit pour des ennemis, et fit tirer le canon sur eux jusqu'à ce que Montluc lui eut fait connaître qui il était. Le bruit que cet Officier avait entendu, était celui d'une forte escarmouche, que l'empereur avait fait donner à la ville, pour se venger de la destruction du moulin d'Auriole; mais ses troupes ayant été fort maltraitées, il les retira de devant la ville.

M. de Barbezieux s'était rendu à la porte pour examiner leur marche quand Montluc parut de l'autre côté; il rentra dans la barrière le prenant pour un ennemi, et après l'avoir reconnu, il le traita avec assez d'indifférence : il prétendait s'attribuer à lui seul toute la gloire de cette exécution. En effet, lorsque M. de Barbezieux en rendit

compte au roi, il ne parla point de Montluc, ce qui le
priva de l'honneur et de la récompense qu'il s'était promis.
Cette injustice le piqua si vivement, qu'il remit son emploi
et se retira chez lui, pour y attendre l'effet des bons of-
fices que des chefs plus équitables promettaient de lui
rendre.

M. de Montmorency, alors grand maître de France, le
manda à la Cour pour lui donner une compagnie de gens
de pied, ce qui était depuis longtemps l'objet de ses sou-
haits. L'armée où Montluc devait servir était destinée pour
le secours de Thérouanne assiégée : sa compagnie forma
une partie de la garde de M. le dauphin, depuis roi sous le
nom de Henri II. Les desseins du roi ayant été remplis en
Picardie, Montluc fut commandé pour conduire deux compagnies d'infanterie dans le Piémont; il passa le pas de
Suze avec le connétable de Montmorency, et fut dangereusement blessé au siège de Barcelonette. Il comptait alors
avoir perdu le mérite de cette campagne, à cause d'une
trêve qui fut conclue pour dix ans; mais l'empereur l'ayant
enfreinte, la guerre recommença plus vivement que jamais
dans le Piémont, sous les ordres du maréchal de Brissac.

Avant d'aller servir sous ce général, Montluc suivit
M. le dauphin au siège de Perpignan, et s'attacha particulièrement au connétable, qui voulant avoir une connaissance
parfaite de l'intérieur de la place, engagea Montluc à aller
visiter ses fortifications; il s'habilla donc en cuisinier, se
disant au président Poïet qui était alors en conférence avec
un officier de la garnison. Sous ce titre, Montluc entra dans
la place, fit le tour des murailles, examina avec attention
tout ce qui servait à leur défense, et vint ensuite en rendre
compte au connétable, ainsi que de la peur qu'il avait eue;
un soldat de la garnison s'était attaché à le reconnaître, et
le nommait comme l'exemple d'une ressemblance singulière avec M. de Montluc, ce qui lui causa tant de frayeur,
qu'il jura au connétable que pour sa dignité même, il ne
voudrait pas une seconde fois s'exposer à un pareil danger,
le supplice étant égal pour les espions, de quelque qualité qu'ils soient.

Le siège de Perpignan n'eut pas un succès heureux, ce

2

qui chagrina beaucoup M. le dauphin : le roi se plaignit de sa conduite; et son mécontentement alla si loin, que le jeune prince ayant nommé à une compagnie vacante, le roi refusa l'officier choisi, et donna la compagnie à Montluc. Il se trouva alors fort embarrassé sur ce qu'il avait à faire dans une occasion où il s'agissait de déplaire au dauphin, ou de désobéir au roi; de ces deux partis également dangereux, il choisit celui dans lequel il voyait plus d'avantage. Il prit la compagnie, et fit ensuite supplier M. le dauphin, d'excuser la nécessité où il se trouvait d'accepter une place qu'il demandait pour un autre. Le dauphin ne fut nullement apaisé par cette démarche, et il profita dans la suite de toutes les occasions qui se présentèrent de mortifier Montluc. Un jour que cet officier, au retour d'une rude escarmouche, se vantait d'être arrivé aux ennemis le premier et au camp le dernier : *Cela est vrai,* lui dit le dauphin, *parce que vous avez pris pour revenir un chemin plus long que les autres.*

Les ennemis de Montluc firent trop valoir cette raillerie du dauphin, cela fut cause que peu après ce prince lui rendit ses bonnes grâces; il fut si touché de voir qu'un brave officier utile au service du roi et au sien, fût exposé aux traits satiriques des courtisans, qu'il résolut de réparer publiquement le tort qu'il lui avait fait : l'ayant remarqué un soir à son souper, il l'appela pour s'informer de quelques opérations militaires, ne pouvant, lui dit-il avec bonté, rien apprendre plus sûrement, que par la bouche d'un officier aussi prudent que courageux. Montluc pleura de joie à cette espèce de satisfaction que lui faisait le dauphin, il lui jura un attachement éternel pour sa personne; et depuis ce temps-là, il le nomma toujours son bon maître, se regardant comme plus particulièrement à lui que le reste de ses sujets. Enfin on leva le siège de Perpignan, malgré le dépit du dauphin : la guerre continua seulement dans le comté de Nice et dans le Piémont.

Le maréchal de Brissac commandait dans cette province, Montluc vint l'y trouver avec sa compagnie, dans l'espérance d'avancer rapidement sous un général équitable et ami des officiers. Brissac connaissait depuis longtemps

Montluc comme un homme de main, utile surtout dans le
genre de guerre qu'il avait à soutenir dans le Piémont, où
la surprise et la ruse devaient plus souvent être mises en
usage que la force. Il l'occupa d'abord aux sièges des petites
places qui étaient aux environs de Turin. Son dessein était
d'en chasser les ennemis, et d'y faire subsister ses troupes
par le moyen des vivres de cette province, parce qu'il étoit
trop difficile d'en faire venir du Lyonnais, d'où jusque-
là les Français avaient été obligés de tirer une partie de
leur subsistance.

Montluc fut aussi chargé de faire des courses fréquentes
sur le pays ennemi. Un jour qu'il avait poussé sa marche un
peu loin, il entendit dire que M. de Savoie était à la messe
à une demi-lieue de lui dans un petit village, où il n'avait
pour sa garde que trente hommes de cavalerie au plus : il
résolut de se rendre maître de sa personne; mais comme
un dessein d'une si grande importance ne pouvait être suivi
avec trop de précaution, il craignit que les paysans mal
instruits n'eussent diminué le nombre des gardes du duc;
il voulut pour marcher à coup sûr être accompagné de
Gabaret, capitaine de cavalerie; celui-ci s'étant fait attendre
trop longtemps, Montluc ne put arriver qu'un quart d'heure
après le départ du duc de Savoie, dont la prise n'avait dé-
pendu que d'un peu plus de diligence : cet événement aurait
fini toute la guerre du Piémont. Pour s'indemniser d'avoir
manqué cette occasion, dont les soldats paraissaient in-
consolables, Montluc chercha les ennemis avec plus d'ardeur
que jamais. Il rencontra enfin deux enseignes de gens de
pied et une compagnie de cavalerie, que la Trinitat, officier
général de l'empereur, conduisait avec un grand convoi de
farines sur environ quatre cents chevaux. Montluc les observa quelque temps, ensuite quoique inférieur en forces,
il marcha droit aux ennemis.

La Trinitat qui méprisait la petite troupe de Montluc, ne
daigna pas s'arrêter; il marcha toujours tambour battant,
comme s'il n'avait pas reconnu les Français. Montluc par
l'habitude qu'il avait de la guerre, vint à bout de les compter,
quoiqu'il en fût assez éloigné, et il trouva qu'ils étaient environ cinq cents. Il se tourna alors vers ses soldats, et leur

dit : « Amis, nous avons manqué M. de Savoie, il faut
» prendre tout ceci : ces gens-là sont trois fois plus forts
» que nous, mais nous les battrons : vous savez que mon
» pressentiment ne m'a jamais trompé. » Montluc avait fait
accroire à ses gens qu'il avait dans les grandes occasions
un certain présage des succès, et ceux-ci le croyaient toujours sur sa parole ; ils allèrent donc tête baissée aux ennemis, en criant : *Combattons, combattons.* Ils chargèrent avec
tant de furie, qu'ils les étonnèrent ; mais la Trinitat les rassura bientôt, et il sut mettre ses troupes en si bonne disposition, que Montluc commença à craindre malgré son
prétendu pronostic ; cependant il fit redoubler les charges,
et pendant ce temps-là il était uniquement appliqué à
trouver le moyen de pénétrer dans leurs rangs.

Le courage des soldats impériaux ne répondait pas à la
capacité de leur chef, ils se troublèrent ; et malgré les efforts
des officiers, ils commencèrent à se mettre en désordre :
aussitôt que Montluc s'en aperçut, il détacha sur eux quarante gendarmes, qui à grands coups de sabre taillèrent
en pièces la plus grande partie de ces soldats ; mais ceux de
Montluc pensèrent trouver leur ruine dans leur propre
victoire. A peine le combat fut-il fini, qu'ils se jetèrent sur
le bagage avec tant d'avidité, que si vingt hommes des
ennemis se fussent réunis pour les combattre, ils les eussent
vaincus sans ressource, tant ils étaient occupés à butiner ;
chaque soldat était si chargé des dépouilles des ennemis,
que plusieurs succombaient sous le faix, sans que pour cela
aucun voulût en laisser la moindre partie. Cependant ils ne
fouillèrent point les morts, sur lesquels les paysans trouvèrent plus de vingt mille livres en espèces. Cet argent était
le payement de leur solde, qu'ils avaient reçu la veille même
du combat. Cet exploit de Montluc lui fit d'autant plus
d'honneur, que la plupart des autres capitaines de l'armée
avaient éprouvé des succès contraires. M. d'Aussau venait
d'être défait à la tête d'un corps considérable, ce qui avait
beaucoup chagriné les généraux, parce jusqu'alors les
armes françaises s'étaient acquis beaucoup d'honneur
dans cette campagne.

Cependant le siège de Fossan fut résolu et entrepris ;

César de Naples, lieutenant pour l'empereur dans le Piémont, voulait secourir la place à quelque prix que ce fût. Il fit marcher pour cela vers la ville un corps d'infanterie italienne, et un autre d'Espagnols, soutenu d'un grand nombre de gendarmes. M. de Termes qui commandait au siège, fut averti par un espion de la marche des Italiens, mais il ne sut rien de celle des Espagnols, ni de la cavalerie ; de sorte qu'il crut n'avoir à combattre qu'une partie des ennemis. Il fit venir Montluc, à qui il ordonna de prendre quatre cents hommes d'infanterie, qui seraient soutenus de deux compagnies de cavalerie. Il croyait que ce nombre devait suffire pour rompre les mesures des ennemis. Montluc partit dans cette persuasion, et marchait à une défaite certaine ; mais heureusement pour lui, il rencontra Cental, capitaine de cavalerie. Cet officier, fatigué d'une longue marche, pria Montluc de vouloir lui donner quelques heures de repos, et qu'il serait de son expédition. Montluc se fâcha d'abord de ce retardement ; et bien plus, quand étant arrivé à l'endroit indiqué, il vit que les Italiens étaient déjà passés, il commençait à reprocher cet accident à M. de Cental, lorsque jetant les yeux de l'autre côté de la plaine, il aperçut les Espagnols et la cavalerie des ennemis. Il vit alors que s'il fût arrivé plus tôt, il aurait eu à combattre ensemble ces deux troupes réunies. Il se cacha donc autant qu'il lui fut possible, afin que les Italiens qui marchaient fort vite, s'éloignassent assez des Espagnols pour ne point entendre le bruit du combat qu'il voulait livrer à ceux-ci.

Les Espagnols se trouvant dans une vallée fraîche et agréable, voulurent se reposer : cette halte favorisa encore le dessein de Montluc ; il arrangea sa troupe, descendit dans la vallée et attaqua les Espagnols, qui le reçurent avec beaucoup d'ordre et de courage ; ils tâchaient cependant toujours d'avancer, quoique en combattant, dans l'espérance de rejoindre les compagnies italiennes. Montluc les poursuivit avec tant de vivacité, qu'ils en vinrent deux fois aux mains, sans que les Espagnols se rompissent. Ils avaient eu l'habileté de se couvrir d'un fossé assez profond pour que la cavalerie Française ne pût les aborder ; de

sorte que n'ayant à combattre qu'à coups de piques et
d'épées, une marche prompte les délivrait de tout danger.

Montluc qui s'en aperçut, ordonna à sa cavalerie de faire
ses efforts pour passer ; dix à douze gendarmes qui en
vinrent à bout, se virent d'abord démontés à coups de
piques : cette résistance rebuta les autres : *Ah! Cental*, s'écria alors Montluc, *vous avez donc plus peur de
perdre vos chevaux que la victoire?* Cet officier, animé par
le reproche de son compagnon, risqua de périr pour le
seconder, et franchissant le fossé, il se trouva aux mains
avec les ennemis. Ils n'en résistèrent pas avec moins de
courage, et combattirent de telle sorte, que Montluc ne
doutait point de sa perte, s'ils étaient secondés des Italiens. Comme il craignait toujours qu'il ne vînt du secours aux ennemis, il fit de nouveaux efforts pour animer
ses cavaliers : *Ah! mon ami*, dit-il au capitaine de Mons
qui en commandait une partie, *faudra-t-il que nous
ayons aujourd'hui la honte de ne pouvoir vaincre à forces
égales.* Ensuite se tournant vers son neveu nommé Serillac, qui servait aussi dans la cavalerie *: Et toi aussi mon
neveu*, lui dit-il, *m'abandonneras-tu? refuseras-tu de donner sur les ennemis?* Serillac voyant son oncle la hallebarde à la main, se jeta à corps perdu dans les rangs des
Espagnols, et quoique dans l'instant même son cheval eût
été tué sous lui de sept coups d'arquebuse, il combattit à
pied avec une ardeur surprenante ; son exemple anima les
autres troupes, les Espagnols enveloppés de toutes parts,
furent rompus et renversés.

A peine Montluc fut-il sorti du danger qu'il avait couru
dans ce combat, qu'il retomba dans un autre. M. de
Termes voulait rompre le pont de Carignan, pour ôter aux
ennemis la communication qu'ils avaient avec le pays
situé au delà de la rivière. L'entreprise était d'autant
plus difficile, que les ennemis gardaient ce pont avec
beaucoup de soin. Dix-sept enseignes d'infanterie des
Suisses et de la cavalerie furent commandées à ce sujet.
M. de Boutières voulut aussi que l'on menât deux pièces
de canon, afin d'abattre une maison de pierre située à
l'entrée du pont, où les ennemis avaient logé quelques

Allemands. Le canon eut à peine tiré la première volée,
que le toit s'écroula; les ennemis en sortirent, et ils furent
à l'instant chargés et mis en fuite par Montluc. La lune
était fort claire, on voyait sans peine d'un bout du pont
à l'autre ; mais en certain moment il tombait un verglas
si épais, qu'il obscurcissait entièrement l'air et glaçait les
mains des soldats. On avait mis environ cent paysans
armés de haches dans huit bateaux, pour couper le pont ;
ils travaillaient avec beaucoup d'ardeur, lorsqu'un corps
des ennemis, entendant le bruit de leurs coups, s'approcha
de la troupe de Montluc à la faveur d'un moment d'obscurité, ils firent à l'instant une décharge de leurs arquebuses, et puis s'en retournèrent au plus vite. Montluc, qui
s'attendait bien qu'ils reviendraient dans peu en plus
grand nombre, se dispose à les recevoir.

En effet Colonne, qui se trouvait à la tête des ennemis
de ce côté-là, rassembla douze cents hommes, avec lesquels il vint tête baissée, et leur fit faire, en tirant tous à
la fois, une décharge de leurs arquebuses. Heureusement
pour Montluc, sa troupe se trouva dans un terrain plus bas
que celui qu'occupaient les Espagnols, de sorte que leurs
coups s'élevant trop ne blessèrent personne ; mais ils firent
peur à tous les soldats, tant Français qu'Italiens et
Suisses, qui tous ensemble prirent la fuite, et laissèrent
Montluc seul vis-à-vis des ennemis. L'obscurité le sauva ;
les ennemis n'ayant pu voir la fuite des siens, continuèrent de tirer sans s'approcher davantage, croyant que le
silence des Français provenait de leur désordre. Montluc
cependant éprouvait une grande inquiétude. Le mot de
ralliement était *Saint-Pierre*, il le répéta en vain à diverses reprises, enfin il se mit à crier de toute sa force :
*Montluc, Montluc, malheureux soldats, m'abandonnerez-
vous ainsi?* Il avait dans sa compagnie environ quarante
gentilshommes fort attachés à sa personne, qui crurent
d'abord que ce capitaine avait suivi la multitude dans sa
fuite ; mais lorsqu'ils entendirent sa voix, ils allèrent tous
le joindre, appelant à leur tour les soldats plus éloignés.

Montluc se trouvant avec environ cent hommes, alla
droit aux ennemis, dirigé seulement par le sifflement des

balles, car l'abondance du verglas qui tombait continuellement, faisait qu'il était impossible de se voir. Il s'approcha des Impériaux de la longueur d'une pique, avant de
faire feu. Ceux-ci, effrayés de se voir si près des Français,
qu'ils jugeaient hors de combat, se renversèrent les uns
sur les autres, et s'enfuirent vers la ville la plus voisine.
D'un autre côté tout le reste des troupes françaises, et
même les paysans qui travaillaient au pont, s'enfuirent
jusqu'à Carmagnole, jugeant au bruit que les ennemis
avaient fait si longtemps, que tout était perdu sans ressource. Le seul lieutenant de Montluc l'attendit avec environ quarante hommes, dont quelques-uns furent envoyés
vers les fuyards pour tâcher de les ramener au pont que
cinq ou six paysans achevaient de couper. Le capitaine
Fanas fut le premier qui revint, mais il avait le corps tout
froissé et ses habits tout en pièces; ses soldats l'avaient
mis en cet état en voulant le forcer de venir avec eux.
Montluc, craignant que les ennemis ne revinssent une
seconde fois, fit prendre des haches à soixante des siens,
qui travaillèrent avec tant de vigueur que le pont fut
entièrement abattu.

Cependant M. de Boutières, que la terreur panique des
troupes avait inquiété, envoyait coup sur coup vers Montluc, pour lui ordonner de quitter le travail; ce capitaine
ne laissa pas de le continuer, ce qui malgré son succès
pensa lui être imputé à désobéissance, la discipline étant
alors observée avec une grande exactitude; mais l'importance du service qu'il avait rendu, ayant adouci M. de
Boutières, il n'écrivit point à la Cour, ainsi qu'il l'en avait
menacé. La retraite se fit en bon ordre, et les soldats
riant entre eux de leur frayeur commune, admiraient
l'intrépidité de Montluc, que l'obscurité profonde où il
s'était vu plongé, les coups redoublés des ennemis, et
l'abandon général des siens, n'avaient pu ébranler; mais
il s'en fallait beaucoup que Montluc eût aussi bonne opinion de lui-même. Il avoua à ses amis, que s'il eût cru les
ennemis en si grand nombre et si près de lui, il n'eût pas
manqué de suivre ses compagnons; c'est assez le caractère du Français d'être poltron ou brave par imitation.

Le détail qu'on fit au roi des entreprises hardies de cette campagne, lui donna une grande idée du courage de ses troupes; mais le peu de succès qui les suivit, donna lieu à ce prince de se plaindre de la conduite de Boutières, il était trop timide pour qu'on en pût espérer de grands avantages. Le roi le rappela du Piémont, et donna le commandement de cette province au comte d'Enghien, prince du sang, et l'un des plus grands généraux de son royaume. L'arrivée de ce prince dans le Piémont inspira une nouvelle ardeur aux troupes; les officiers et les soldats se réjouirent de sa venue, comme d'un présage heureux pour les succès à venir. Montluc en parut encore plus content que les autres. Il avait toujours eu dans la personne de ce prince un protecteur déclaré, et il espérait beaucoup de la faveur d'un général, trop élevé d'ailleurs au-dessus des autres, pour avoir à craindre les inquiétudes et les jalousies qui font perdre l'émulation dans le service, et laissent les bonnes actions sans récompense.

L'empereur avait donné le gouvernement du Milanais au marquis du Guast, aussi grand général que méchant homme. La puissance de l'empereur son maître, et les heureux succès de ses armes depuis plusieurs années, lui avaient inspiré une présomption si extraordinaire, qu'il regardait les Français comme incapables de résister à ses efforts. Il se vantait de les battre à la première occasion. Il avoit sous ses ordres une armée formidable par le nombre et la quantité des troupes, et capable en effet de donner de l'inquiétude à un général moins courageux que le comte d'Enghien.

La politique en certaines occasions semblerait vouloir que les princes du sang commandassent les armées, leur haute naissance leur donne plus de liberté et plus d'amour pour la gloire. M. de Boutières avait fui toutes les occasions d'en venir à une action décisive avec les ennemis, le comte d'Enghien au contraire la cherchait avec ardeur. Mais comme les disgrâces passées, et le peu de succès des campagnes précédentes, avaient inspiré beaucoup de retenue au ministère, le comte d'Enghien n'osa suivre son penchant, qui le portait à poursuivre le marquis du Guast et à le punir de ses bravades : cependant ne voulant point laisser à ce général le temps de se fortifier et d'accroître sa présomption, il prit l'avis de tous ses officiers, qui fut d'envoyer l'un d'entre eux à la Cour, pour demander au roi la permission de livrer bataille.

Le comte d'Enghien choisit Montluc, comme celui qui avait une connaissance plus particulière des affaires d'Italie, et pour qui Sa Majesté témoignait plus de confiance. Montluc partit donc avec ordre de demander du secours, de l'argent et surtout la permission de livrer bataille. D'abord on lui refusa l'un et l'autre, le roi trouvait que son armée était assez forte pour demeurer sur la défensive ; que les soldats pouvaient encore subsister longtemps et qu'il était dangereux d'en venir à une action générale. On fit beaucoup d'accueil à Montluc, le roi lui accorda même une charge de gentilhomme servant, que l'on donnait seulement alors à des gentilshommes militaires pour récompense de leurs services.

Malgré le premier refus, Montluc ne cessa de solliciter ce que le comte d'Enghien l'avait chargé d'obtenir ; il allait tour à tour chez le comte de Saint-Pol, chez le grand écuyer Gayot de Genouillac, et chez l'amiral d'Annebaut, qui étaient alors les maîtres du Conseil depuis la retraite du connétable à Chantilly. Ses sollicitations furent encore appuyées par de nouvelles lettres du comte d'Enghien, qui apprenaient l'arrivée de nouvelles troupes au marquis du Guast, et qui faisaient voir qu'on ne pourrait se soutenir dans le Piémont, si on lui donnait le temps de joindre celles que l'empereur lui destinait. On assembla à ce sujet un grand conseil de guerre où Montluc fut appelé. Il était composé des trois seigneurs qu'on vient de nommer, le roi y présida en personne, et voulut que M. le dauphin y assistât. Sa Majesté jeta d'abord les yeux sur Montluc, à qui elle dit : « Je veux que vous » retourniez en Piémont porter la délibération de moi et » de mon Conseil à M. d'Enghien ; je veux aussi que » vous entendiez la difficulté que nous faisons de lui ac- » corder la permission qu'il nous demande de livrer « bataille. »

M. de Saint-Pol parla le premier. Il dit que l'empereur et le roi d'Angleterre menaçaient d'entrer en France à la tête de toutes leurs forces; que dans six semaines au plus tard, on les verrait sur les frontières, sans avoir rien à leur opposer que des troupes nouvellement levées, à moins qu'on ne fît revenir les compagnies du Piémont, ce qu'on ne pourrait faire si le comte d'Enghien, livrant bataille, était vaincu; que supposant cet accident, on voyait la perte évidente du royaume, dénué de défenseurs, et attaqué par trois armées victorieuses; qu'à tout événement il valait mieux abandonner une province nouvellement conquise, et toujours disputée, comme le Piémont, que d'exposer la France entière.

L'amiral d'Annebaut qui parla ensuite, confirma son avis en alléguant de nouvelles raisons pour le faire valoir. Le seigneur de Saint-André se trouva aussi du même sentiment, ce qui désespérait Montluc. Il ouvrait la bouche à chaque instant, comme un homme qui veut parler, il levait la main et s'agitait de telle sorte, que tout hors de lui-même il interrompit Gayot de Genouillac qui opinait à son rang; mais le comte de Saint-Pol, prenant un ton sévère, s'écria : *Tout beau, Montluc, tout beau.* Ce qui lui imposa silence, mais avec tant de contrainte que le roi ne put s'empêcher de rire.

Toutes les opinions ayant été écoutées, Sa Majesté lui dit : « Montluc, vous avez entendu? — Oui, Sire, répliqua- » t-il avec hardiesse, mais si Votre Majesté me voulait per- » mettre de lui dire mon avis, je le ferais très volontiers. » — Parlez, lui dit le roi, mais avec la sincérité d'un » homme de bien. — Sire, reprit Montluc, je me tiens heu- » reux de ce que sans aller contre la décision de votre » conseil, j'ai à parler devant un roi soldat, et qui n'a » jamais plus épargné sa personne que le moindre gentil- » homme de son royaume; nous sommes cinq à six mille » Gascons comptés, car vous savez que jamais les com- » pagnies ne sont complètes; mais j'estime que nous » serons cinq mille cinq ou six cents Gascons comptés, et » de cela je vous en réponds sur mon honneur, que tant » capitaines que soldats, nous vous baillerons nos noms, et

» les lieux d'où nous sommes, et nous obligerons nos
» têtes, que tous combattrons le jour de la bataille, s'il
» vous plaît de l'accorder, et nous donner permission de
» combattre. C'est chose que nous attendons et désirons
» depuis longtemps. Croyez, Sire, qu'au monde il n'y a
» point de soldats plus résolus que ceux-là, ils ne dé-
» sirent que d'en venir aux mains. Il y a d'ailleurs treize
» enseignes de Suisses. Je connais les six de Saint-Julien,
» mieux que celles du Baron, lesquelles Fourly com-
» mande. Il y peut avoir autant d'hommes comptés parmi
» eux, que parmi nous. Ils vous feront pareille promesse
» que nous, qui sommes vos sujets, et vous enverront les
» noms de tous pour les envoyer à leurs Cantons, afin que
» s'il y en a quelques-uns qui ne fassent leur devoir, qu'ils
» soient dégradés des armes. C'est chose à laquelle ils
» veulent se soumettre, comme ils m'ont assuré à mon dé-
» part. Et puisque c'est une même nation, il paraît que
» ceux du Baron n'en feront pas moins. Votre Majesté les a
» pu connaître à Landrecies. Voilà donc, Sire, neuf mille
» hommes ou plus, sur lesquels vous pouvez compter, et
» être assuré qu'ils combattront jusqu'au dernier soupir
» de leur vie. Quant aux Italiens et Provençaux qui sont
» avec M. de Croy, et aussi des Gruiens, qui nous sont
» venus trouver devant Yvrée, je ne vous en assure pas ;
» mais j'espère qu'ils feront tous aussi bien que nous. » En
même temps, Montluc faisait les mêmes gestes des bras,
que s'il eût frappé, ce qui donnait beaucoup de plaisir au
roi. « Vous avez, ajouta Montluc, quatre cents hommes
» d'armes en Piémont, dont il se trouvera bien trois cents
» et autant d'archers en disposition de bien faire. »

Le roi ému par cette éloquence militaire, soutenue de
raisons frappantes, tourna les yeux vers le comte de Saint-
Pol, pour lui demander ce qu'il pensait. Ce seigneur avait
remarqué les gestes du dauphin, et s'apercevait aussi
sans peine de l'inclination du roi. « Avouez-le, Sire, lui
» dit-il, vous changez d'opinion et voulez en croire ce fou
» enragé. — Mon cousin, répondit le roi, foi de gentil-
» homme, il m'a dit de si grandes raisons, et si bien
» représenté le bon cœur de mes gens, que je ne sais que

» faire. » L'amiral prenant la parole, lui dit : « Sire, nous
» ne pouvons savoir le succès de la bataille, Dieu seul le
» sait ; mais je vous obligerais bien ma vie et mon honneur,
» que tous ceux que Montluc vous a nommés, combattront
» en gens de bien, je sais ce qu'ils valent pour les avoir
» commandés. Faites une chose, nous connaissons bien
» que vous êtes à demi gagné, priez Dieu qu'à ce coup il
» vous veuille aider et conseiller ce que devez faire. »

Alors le roi mettant son bonnet sur la table, joignant
les mains, et levant les yeux au ciel, s'écria : « Mon Dieu,
» je te supplie qu'il te plaise me donner aujourd'hui le con-
» seil de ce que je dois faire pour le bien de mon royaume,
» et que tout soit à ton honneur et à ta gloire. — Eh bien, Sire,
» reprit l'amiral, quand le roi eut achevé, quelle opinion
» avez-vous ? » Sa Majesté ayant gardé un moment de silence,
se tourna vers Montluc, et lui dit : « Qu'ils combattent, qu'ils
» combattent ! — Or donc, répliqua l'amiral, il n'en faut plus
» parler, vous seul, Sire, serez la cause de la perte ou du
» gain. » Alors le Conseil se leva, et M. de Saint-Pol s'approchant de Montluc, lui dit en riant : « Fol enragé que
» tu es, tu seras cause du plus grand bien ou du plus
» grand mal qui peut arriver au roi. Dis bien aux officiers
» et aux soldats de l'armée à quel prix on leur donne la
» liberté de combattre, c'est par confiance en eux plutôt que
» par raison qu'on s'expose ainsi. — Monsieur, répondit-
» il, je vous supplie très humblement, de n'avoir ni crainte
» ni inquiétude. Nous gagnerons la bataille, et assurez-
» vous que les premières nouvelles que vous en aurez,
» seront que nous les aurons tous fricassés, et en man-
» gerons si nous voulons. » Le roi mit alors la main sur
son bras, et lui dit : « Montluc, recommande-moi à mon
» cousin d'Enghien, et à tous ses capitaines qui sont de
» par delà, de quelque nation qu'ils soient. Dis-leur la
» grande confiance que j'ai en eux, qui m'a fait condes-
» cendre à leur envie de combattre ; je les prie qu'à ce
» coup ils me servent, n'en ayant jamais eu tant de besoin.
» — Sire, répondit Montluc, je leur porterai votre recom-
» mandation qui leur sera un coup d'éperon, pour leur
» donner encore plus de volonté de combattre. Je supplie

» Votre Majesté de n'avoir aucune inquiétude sur l'issue
» de la bataille. »

En sortant, Montluc trouva sur la porte MM. de Dampierre, de Saint-André, d'Astier et plusieurs autres, qui
lui demandèrent avec empressement s'il avait la permission de combattre; sur sa réponse, ils firent de vives
instances pour qu'il leur fût permis de partir avec lui
pour l'armée. Le roi leur accorda avec peine la permission
d'accompagner Montluc, considérant que c'était exposer
la principale noblesse de son royaume; mais enfin il ne
put se refuser à leurs empressements. Ils partirent au
nombre de plus de cent, dont les principaux étaient le
seigneur de Châtillon, depuis amiral de France, le fils de
l'amiral d'Annebaut, le vidame de Chartres, le reste
était de noblesse inférieure. Montluc prit la poste, et
arriva devant eux dans le Piémont, où il rendit compte à
M. d'Enghien du succès de son voyage, et du secours qui
lui arrivait.

Quand l'armée eut appris qu'enfin on donnerait la bataille, ce fut une joie universelle; les officiers et les soldats
venaient en corps remercier Montluc et lui renouveler
leurs premières protestations de vaincre ou de mourir;
chacun songea à ses chevaux et à ses armes, se disposant
tous à ce combat de la même façon, que si c'eût été une
guerre personnelle. Il n'était plus question que de découvrir les ennemis. Montluc fut encore chargé de ce soin.
Il partit à la tête de vingt salades, et rencontra l'armée
impériale, à quelque distance de l'abbaye de Staffarde;
mais il ne put savoir si son dessein était de loger en cet
endroit ou de décamper : de retour dans la tente du
comte d'Enghien pour lui faire son rapport, il y trouva
MM. de Châtillon, de Dampierre, de Saint-André, d'Escars,
d'Astier et Jarnac, qui avaient leurs armes toutes prêtes
sur les lits de la tente. Montluc fit son rapport, et
ces seigneurs l'ayant entendu, ils pressèrent le comte
d'Enghien de les mener au combat. Ce prince, suivant
leur conseil, donna les ordres nécessaires pour faire
marcher l'armée, qui se mit en bataille dans la plaine
de Cerisolles avec tant d'ordre et de promptitude, que

jusqu'à l'artillerie, tout se trouva prêt en même temps.

On entendit aussitôt les trompettes et les tambours des ennemis, aussi disposés à combattre que les Français; mais quelques-uns des principaux chefs de l'armée s'approchant du comte d'Enghien, le supplièrent de ne rien précipiter, pour éviter le danger auquel le royaume demeurerait exposé, s'il avait le malheur de perdre la bataille. D'un autre côté il entendit les cris des soldats qui la demandaient, en invectivant tout haut contre ceux qui s'opposaient à leur ardeur. De sorte que le jeune prince demeurait incertain entre son désir et le conseil des autres. Montluc, voyant avec dépit qu'on perdait l'occasion de combattre avec avantage, s'avança pour demander au comte d'Enghien, si on n'avait pas assez délibéré en France sur les conséquences de la bataille, sans s'amuser à y penser de nouveau. Tous les seigneurs volontaires appuyèrent son avis, ce qui obliga ceux qui ne voulaient point combattre à tirer le prince à l'écart, où ils conférèrent longtemps à pied à la vue de toute l'armée.

Le dépit était général, et l'on attendait avec impatience ce qui serait résolu dans ce petit conseil, lorsqu'on s'aperçut que le prince d'un air chagrin remontait à cheval pour revenir au camp. L'armée reçut ordre de le suivre, et on chargea quelques officiers d'aller de nouveau reconnaître les ennemis. On les trouva presque sans cavalerie et assez mal postés, ce qui aurait donné une victoire certaine aux Français, s'ils eussent profité de cette circonstance. Le comte d'Enghien de retour à Carmagnole l'apprit avec un dépit extrême, et s'emporta même contre ceux dont le zèle indiscret l'avait empêché de suivre son inclination. Alors Montluc, que l'éloignement du combat avait encore plus mortifié que les autres, s'approchant du comte d'Enghien, lui dit : *Monseigneur, quand vous vous êtes levé ce matin, que pouviez-vous demander à Dieu, sinon qu'il vous envoyât ce que vous avez laissé échapper aujourd'hui : des ennemis en plaine sans haie ni fossé qui vous empêchassent d'aller à eux. Eh! non, monsieur, non, de par Dieu, n'envoyez personne que vous-même, nous savons bien tous que vous voulez le combat.* Le comte d'Enghien

s'emporta alors vivement contre ceux qui l'avaient empêché de livrer bataille, et demanda à être seul dans sa
tente.

Cependant l'armée témoignait un grand mécontentement, les soldats qui s'étaient attendus à la bataille,
demandaient qu'au moins on les payât, menaçant de se
soulever si on le refusait. Les capitaines, aussi peu satis-
faits que les soldats, ne se mettaient point en peine de les
apaiser; ils prièrent seulement Montluc de retourner
vers le comte d'Enghien, pour lui rendre compte de ce
qui se passait. Il y alla suivi de plusieurs autres, qui tous
faisaient un grand bruit à la porte. Le comte d'Enghien
ne pouvant désapprouver leurs plaintes, les fit prier d'avoir
patience jusqu'à la sortie du conseil. On y agitait encore
si l'on donnerait bataille ou non. Le prince se plaignait
hautement de ceux qui l'avaient retenu la veille, disant
qu'ils lui avaient dérobé l'honneur d'une victoire assurée.
Un d'entre eux néanmoins entreprit encore de s'opposer à
cet avis, en déduisant de nouveau toutes les raisons qui
l'avaient déterminé la veille, et qui le retenaient encore.
M. d'Enghien l'interrompit en colère, et lui dit que malgré
toutes ses raisons, il était résolu de combattre, et que si
quelqu'un lui disputait le contraire, il cesserait de l'estimer. Alors celui qui avait d'abord parlé, lui dit : *Monseigneur, vous voulez donc absolument la bataille. — Oui,*
répliqua le prince, *et tout résolument. Il n'est donc plus
question,* reprit-il, *de délibérer, mais de monter à cheval.*

Alors la chambre du conseil s'ouvrit, et ceux mêmes
qui demandaient de l'argent avec menaces, se hâtèrent de
retourner sous leurs tentes pour se disposer au combat.
L'armée s'étant mise en marche, s'avança dans une grande
plaine coupée au milieu par une colline assez étendue, et
qui, sans gâter la disposition du terrain, dérobait néanmoins à une partie de l'armée la vue de l'autre. L'infanterie, la cavalerie, les Suisses, prirent chacun les postes
qu'ils devaient occuper. Montluc fut mis à la tête des arquebusiers, ce qui le rendit en un moment un des principaux chefs de l'armée. La bataille commença par une escarmouche que Montluc s'attacha à observer, ne doutant

pas que l'effort des ennemis ne vînt bientôt se jeter sur lui, ce qui arriva. Il combattit environ trois heures contre les arquebusiers ennemis, s'appuyant, quand il le fallait, d'une grande maison, auprès de laquelle le comte d'Enghien l'avait posté d'abord. Les ennemis, voyant que malgré leur nombre supérieur ils ne pouvaient gagner sur lui aucun avantage, firent soutenir leurs arquebusiers par quelques escadrons de cavalerie. Le comte d'Enghien s'en apercevant, lui envoya ordre de se mettre à couvert de la maison jusqu'à ce qu'il eût achevé d'autres desseins; mais Montluc échauffé du combat, répondit qu'il ne fuirait point devant les ennemis, et que si on voulait lui envoyer de la cavalerie, il promettait de défaire ceux qu'il avait en tête.

Le comte d'Enghien lui envoya environ cent cinquante chevaux avec un nouvel ordre de se retirer, auquel ce capitaine refusa encore une fois d'obéir, disant qu'on ne rendait pas un compte fidèle au prince. Il fit usage de la cavalerie qui lui était survenue, il chargea de nouveau les ennemis, qu'il repoussa jusqu'à leur bataille. L'artillerie du marquis du Guast était placée vis-à-vis la maison que Montluc avait abandonnée, et tirait de ce côté-là avec furie. M. de Mailly crut devoir y répondre, et y fit traîner plusieurs canons. En même temps M. de Taïs, qui commandait un corps d'infanterie française, s'avança les piques baissées contre les Italiens. Montluc l'apercevant, et voyant qu'un corps de troupes se tenait ventre à terre caché derrière les Suisses, courut à M. de Taïs, et l'arrêta en lui disant : *Où allez-vous, monsieur, vous allez vous perdre, les Allemands que vous ne voyez pas, viennent vous prendre en flanc.* M. de Taïs s'arrêta, mais avec beaucoup de peine, ses officiers et ses soldats demandant avec obstination qu'on les menât au combat, plutôt que de les laisser exposés au canon, qui tirait continuellement sur eux. Montluc les pria d'avoir patience, leur promettant de les mettre bientôt à couvert de ce feu; ce qu'il fit en effet en chargeant vigoureusement.

Montluc conseilla à M. de Taïs de faire mettre son infanterie un genou en terre, et se faisant suivre par les

3

arquebusiers : « Mes compagnons, leur dit-il, combattons
» bien ; car si nous gagnons la bataille, notre réputation
» sera immortelle. C'est aux Allemands que nous allons
» avoir affaire, et jamais on n'a vu les Germains vaincus
» à coups de piques par les Gaulois ; ainsi nous aurons un
» triomphe, que jusqu'ici notre nation n'a point encore
» obtenu. » Pour vaincre avec plus de sûreté, Montluc ordonna aux piquiers de se servir de leurs piques en les
prenant par le milieu, et non par le bout suivant l'usage
ordinaire, les Allemands plus forts et plus exercés que les
Français, ayant de cette façon un trop grand avantage. Ils
prirent donc leurs armes par le milieu, et donnèrent tête
baissée contre les Allemands, qui venaient sur eux à grands
pas. Montluc avait cependant mis pied à terre, quoique
les soldats et les officiers voulussent qu'il demeurât à
cheval pour les commander et pour être aussi moins exposé ; mais le souvenir de ce qu'il avait promis au roi, et la
crainte du succès de cette fameuse bataille, l'occupaient
davantage que le soin de sa conservation : *Mes amis*, leur
dit-il, *si j'ai à mourir ce jour-ci, je ne le puis en un lieu
plus honorable qu'avec vous, les armes à la main.* Tous
chargèrent en même temps ; et les rangs se poussant les
uns les autres dans ce vaste corps d'Allemands qu'ils
avaient en tête, ils l'entr'ouvrirent de différents côtés et le
mirent en désordre.

Les Français marchaient si vite et trouvaient en même
temps une si grande résistance de la part des ennemis, que
plusieurs furent renversés du seul choc des piques ; Montluc tomba trois fois sur le genou, mais il se hâtait toujours de se relever bien promptement dans la crainte
d'être foulé aux pieds. Les Allemands si maltraités auraient
néanmoins résisté encore longtemps, si deux gros de
cavalerie française ne fussent venus achever leur défaite,
alors ce ne fut plus qu'une déroute.

La fortune faisait éprouver un succès bien contraire au
comte d'Enghien du côté où il combattait. Le marquis du
Guast lui avait opposé environ six mille hommes, tant
Espagnols qu'Allemands, choisis entre les meilleures
troupes de l'empereur ; ils composaient ensemble un

bataillon formidable, auquel le comte d'Enghien n'avait
à opposer qu'un corps de Grisons assez nombreux, mais
déjà effrayé de la seule présence des ennemis. Ce qui fit
prendre la résolution au prince de charger le bataillon
espagnol avec sa cavalerie, l'attaquant à la fois par le front
et par les côtés ; mais ces vieux soldats s'étant arrêtés au
milieu de la plaine, firent deux décharges si furieuses sur
la cavalerie française, qu'ils tuèrent presque tout ce qui
se trouva aux premiers rangs ; ensuite continuant leur
route, ils tombèrent sur les Grisons, qui dans un instant
furent mis en une entière déroute. Alors le comte d'Enghien croyant la bataille perdue, ne chercha plus qu'à
faire une fin glorieuse, il chargea une seconde fois l'infanterie espagnole qui le reçut avec le même succès pour elle,
et autant de danger pour lui que la première ; il vit tomber un grand nombre de gens de qualité qui l'environnaient, et leur mort faisait chercher la sienne avec encore
plus d'ardeur, lorsque ses courtisans et ses domestiques
s'apercevant de son désespoir, l'environnèrent en le
suppliant de songer à sa conservation.

Le seigneur de Saint-André, depuis maréchal de France,
qui était particulièrement attaché au comte d'Enghien, se
trouvait au milieu des ennemis avec quelques-uns des
plus téméraires. Le prince, jetant les yeux de ce côté-là, dit
à ses gens : *Si vous voulez que je me retire, allez donc le
dégager.* On en vint à bout, mais ce fut avec beaucoup de
peine, parce que les Espagnols, quoique souvent percés,
se ralliaient toujours, et défendaient les approches de
leur bataillon à coups d'arquebuse, de traits et de piques.
Le comte d'Enghien, qui ne pouvait pas découvrir d'où il
était, ce qui se passait de l'autre côté de la colline, crut
que les affaires y allaient aussi mal que du côté où il commandait ; il voyait avec douleur, que la plus grande
partie de ses troupes étaient en déroute : *Que dira le
roi?* s'écriait-il. On remarqua même que dans le fort de
ses agitations, il parut plusieurs fois tenté de se percer
lui-même de son épée, aimant mieux, disait-il, mourir,
que de survivre au danger où il venait d'exposer la
France.

Cependant le colonel Taïs et Montluc, vainqueurs des Allemands et des Italiens, poursuivaient vivement leur victoire; en vain le marquis du Guast fit-il les plus grands efforts à la tête de sa cavalerie. Il fut mis en déroute et dans le même état de désespoir que le comte d'Enghien; de sorte que des deux armées, il partit à la fois des fuyards qui allèrent répandre mutuellement le bruit de leur défaite. Le comte d'Enghien croyait la sienne assurée, et dans l'extrême agitation où il se trouvait, il ne songeait pas même à ce qu'il devait ordonner pour le reste de l'armée, lorsqu'il entendit les cris de victoire que poussait son aile droite; il vit aussi dans cet instant ce même bataillon espagnol, par lequel il avait été défait, songer à la retraite, pour se dérober aux vainqueurs. Alors il rallia ce qu'il trouva à sa portée de cavalerie et d'infanterie, et revint attaquer ce bataillon espagnol. La plus grande partie des fuyards voyant la fortune favoriser leur parti, revinrent à toute bride, et ne furent pas ceux qui firent le moins de carnage.

Les Espagnols, voyant fondre sur eux toute l'armée française, firent d'abord grand feu; mais craignant les Suisses, qui avaient juré de ne donner quartier à personne, ils s'approchèrent de la cavalerie du comte d'Enghien, à qui ils rendirent leurs drapeaux et leurs piques, en demandant quartier. Ces braves soldats méritaient par leur courage qu'on les conservât; néanmoins ceux d'entre les cavaliers qui avaient été plus maltraités, en tuèrent plusieurs malgré le comte d'Enghien, dont le dessein était de les sauver tous.

Montluc voyant la bataille gagnée songea à poursuivre les fuyards; il avait donné ordre à un domestique de lui tenir prêt un cheval turc, pour le monter aussitôt après le combat; mais cet homme, voyant que le canon portait jusqu'à l'endroit où il s'était placé, et que la plus grande partie de l'armée prenait la fuite, s'était sauvé aussi avec les autres. Montluc fut outré de ce contre-temps; il s'était flatté à cause de la vitesse de son cheval, de faire prisonnier le marquis du Guast, ou quelque autre personne de considération; cela ne l'empêcha pas cependant de se mettre à la suite des fuyards ; mais les ayant aperçus de loin, il les trouva en si bon ordre, qu'il ne crut pas devoir avancer davantage, il revint auprès du comte d'Enghien.

Ce jeune prince était à pied au milieu du champ de bataille, environné d'officiers et entouré de drapeaux ennemis, qu'on lui apportait de toutes parts ; mais l'impression du danger qu'il avait couru d'être défait, n'avait pu être détruite par la victoire même ; il semblait encore triste et inquiet, lorsque Montluc l'aborda : *Mon prince,* lui dit-il, *vous ai-je aujourd'hui servi à votre contentement ? Oui, Montluc,* répondit le comte d'Enghien, *je n'oublierai jamais le service que vous avez rendu au roi, et j'aurai soin de l'en instruire.* En même temps il l'embrassa et l'arma chevalier avec beaucoup d'autres, sur le champ de bataille. Montluc lui demanda ensuite l'honneur d'être nommé pour porter à la Cour la nouvelle de la victoire, ainsi qu'il l'avait été pour demander la permission de combattre. Le comte d'Enghien, et M. de Taïs qui avait vu combattre, Montluc sous ses yeux, trouvèrent sa proposition juste, et lui permirent de partir le lendemain matin ; mais M. d'Escars, homme d'une naissance et d'une valeur distinguée, employa tant de sollicitations, que le prince lui permit d'aller à la Cour à la place de Montluc. Celui-ci fit des plaintes bien amères de ce qu'on lui enlevait ainsi l'occasion d'une fortune certaine.

Deux jours après Montluc se présenta au Comte d'Enghien pour lui demander la permission de se retirer chez lui, en attendant, dit-il, que l'on voulût bien faire attention à ses services : « Montluc, lui dit ce prince, je vois bien que vous êtes fâché ; je n'ai pu refuser à d'Escars et à » ses amis, ce qu'ils m'ont demandé avec instance ; mais je » puis par d'autres moyens réparer le tort que je vous ai » fait malgré moi, comptez sur mes promesses : je veux vous » donner un congé d'aller chez vous, à condition que vous » reviendrez promptement dans le Piémont servir sous » moi. » Montluc ne voulait pas s'engager positivement ; mais le prince le détermina en lui donnant une commission de capitaine de douze cents hommes qu'il devait lever en Gascogne.

Montluc prit la route de cette Province, d'où il repartit
pour le Piémont, aussitôt qu'il eut mis sa compagnie en
état ; et en arrivant à Villaume, bourgade située sur la
route de Gascogne en Piémont, le hasard l'adressa dans la
même hôtellerie où logeait le seigneur Pierre Colonne,
fait prisonnier à Carignan, que l'on emmenait en France
suivant les articles de la capitulation. Montluc alla le saluer,
et lui faire compliment sur sa situation. Pierre Colonne lui
répondit qu'elle était moins à plaindre, en ce qu'il se trouvait entre les mains d'ennemis généreux, incapables
d'abuser de sa mauvaise fortune. Il lui dit ensuite qu'il savait que c'était lui qui avait rompu le pont de Carignan,
et que cette expédition nocturne avait été accompagnée de
circonstances bien singulières : « Je crois, répondit Mont-
» luc, que vous ne les savez pas toutes, et je vous dirai qu'en
» un certain moment nos gens furent saisis d'une si grande
» terreur, que tous prenant la fuite, les vôtres n'eurent à
» combattre que moi seul, et peu après environ quarante
» soldats, qui étant revenus me joindre chassèrent aussi
» les vôtres. — Eh bien, reprit Colonne, seulement avec ces
» quarante hommes, vous vous seriez vu maître de Cari-
» gnan, si vous nous aviez poursuivis. » Il ajouta que jusqu'à
ce jour-là, il avait cru que les Espagnols n'avaient point de
peur, mais qu'ils l'avaient convaincu du contraire, que les
voyant fuir, il s'était jeté à la porte de la ville à dessein de
les arrêter et de la fermer ; mais que ces fuyards étaient venus en si grand nombre à la fois et avec tant de violence,
qu'ils avaient mis la porte hors des gonds : « Enfin, ajouta
» Colonne, cette porte étant fermée, je rentrai dans la
» ville pour tâcher de rassurer les soldats, qui au lieu de
» m'écouter, fuyaient dans les rues comme des gens éper-
» dus de frayeur ; plusieurs d'entre eux sautèrent même les
» murailles de la ville pour fuir dans la campagne du côté
» opposé aux Français, s'imaginant voir les ennemis dans
» leurs compagnons. »

Ce récit fit connaître à Montluc, que la terreur avait été
égale dans les deux partis, et que tous deux étaient redevables de leur salut à leur commune frayeur. Montluc
n'arriva point dans le Piémont, où sa troupe était des-

tinée, le roi le rappela en France. Le prince avait besoin
de toutes ses forces pour les opposer à l'Empereur et au
roi d'Angleterre qui était entré de nouveau dans ses États
avec des troupes innombrables. Montluc alla servir en Picardie sous M. le dauphin, qui voulait secourir Boulogne ;
mais le gouverneur de cette place l'ayant rendue presque
sans résistance, les Anglais impatients de regagner leur
île, laissèrent une assez forte garnison dans Boulogne, et
se retirèrent ensuite sans penser à réparer les brèches de
la place. Cela inspira aux Français le dessein de donner à
la Ville ce qu'on appeloit en ce temps là une *camisade*.

Montluc venait d'être fait mestre de camp, grade qui
donnait la même autorité et la même fonction, que de nos
jours celui de Maréchal de camp. M. de Taïs et Montluc
furent chargés de cette expédition à la tête de neuf à dix
enseignes, tant françaises qu'italiennes. Ils devaient donner ensemble par trois brèches qui étaient restées à la
muraille. D'abord au lieu des Italiens, on avait voulu envoyer des Allemands, plus aguerris que les premiers, et
plus capables, au sentiment de Montluc, d'une expédition
de cette nature : ce changement pensa tout perdre.

M. de Taïs entra le premier dans la ville basse de Boulogne, sans avoir été remarqué des Anglais qui se tenaient
dans la ville haute, comme la plus importante et la mieux
fortifiée ; Montluc entra de même et pénétra jusqu'à l'Église :
dans ce moment M. de Taïs ayant été obligé de se retirer
à cause d'une blessure dangereuse qu'il venait de recevoir, Montluc demeura seul chargé du commandement, et
dans un embarras extrême, la plus grande partie des soldats ayant suivi M. de Taïs sur un bruit qui avait couru,
qu'une partie des Anglais de la ville haute était sortie de
la ville basse, pour s'emparer des brèches en dehors, et
tenir ainsi les Français enfermés entre eux et le reste de
la garnison.

Les seules enseignes étaient restées, et il était important de les sauver. Ce fut à quoi Montluc songea principalement, en disposant tout néanmoins pour la retraite ;
mais comme il la commençait et qu'il voulait regagner la
muraille, cinq ou six cents soldats anglais vinrent à lui

les piques baissées, en criant en anglais : *Qui và là ?*
Montluc répondit dans la même langue : *Amis, amis.* Il
était sauvé, si les Anglais en fussent restés là ; mais ayant
continué de lui parler dans leur langue, il ne put répondre, et se vit chargé sur-le-champ avec tant de vivacité,
que la plupart de ses soldats prirent la fuite.

Montluc vint à bout de retenir quelques Français ; et
rappelant les Italiens, il repoussa à son tour les Anglais
jusqu'au delà de l'église. Toutes les enseignes s'étaient
réunies auprès de lui, mais elles avaient à peine chacune
six soldats pour les garder ; il dit aux Italiennes de tenir
bon devant l'église, pendant qu'il allait combattre pour
regagner une brèche, et qu'on les viendrait chercher sur-
le-champ. En effet, Montluc alla droit à la même brèche
par où il était entré, et y trouva quelques Anglais qui
prirent la fuite. Une pluie violente étant survenue, les
soldats ne pouvaient tenir leurs armes à découvert, soit
arcs ou armes à feu, et bientôt leurs habits ayant été
percés, il ne leur resta plus de moyens de défense que
dans leurs piques.

Jusque-là Montluc se trouvait maître de la brèche, et
pouvait ainsi sortir de la ville, ce qu'il eût fait sans le
danger où les Italiens se seraient trouvés après son départ.
Il leur envoya un gentilhomme, pour leur dire de se hâter
de le venir joindre. Un moment après ce gentilhomme
revint à toute bride lui dire qu'une troupe d'Anglais l'a-
vait empêché de passer, et qu'à leur contenance il jugeait
que les Italiens étaient ou morts ou enfermés dans l'église ;
en même temps quatre cents Anglais parurent et s'avancèrent contre Montluc, pendant que d'autres de leurs compagnons cherchaient à l'environner. Montluc se voyant
ainsi pressé, se tourna vers trois ou quatre officiers
de distinction qui l'accompagnaient ; c'était d'Andelot,
frère de l'amiral de Coligny, le Seigneur de Noailles, etc.
Que croyez-vous qu'on doive faire, Messieurs? leur dit-il.
Combattre, répondit d'Andelot, *ce parti est le meilleur.*
Mais il n'était pas du goût des soldats qui demandaient
hautement la retraite, se trouvant découragés par la violence de la 'pluie, qui avait rendu leurs armes inutiles.

Montluc leur parla pour les animer, et ne doutant pas qu'on ne le suivît, il alla le premier la pique à la main aux ennemis.

D'Andelot et Noailles se tenaient à ses côtés, ils combattirent avec toute la valeur possible, et leur exemple donnant de l'audace aux soldats, ils mirent les Anglais en fuite. Montluc les poursuivit l'épée dans les reins, et arriva à leur suite, jusqu'à l'endroit où d'autres Anglais tenaient les enseignes italiennes enfermées; le tumulte les dégagea, et toutes ensemble sous la conduite de d'Andelot, marchèrent à la brèche au grand pas, d'où elles gagnèrent la montagne voisine de la ville, contiguë à la ville haute, pendant que Montluc faisait ferme avec quelques soldats, pour empêcher qu'on les poursuivît. A la fin sa troupe diminuant toujours, il se trouva réduit à cinq piquiers, avec lesquels il se tint au bord d'un petit ruisseau formé par la pluie : six Anglais qui voulurent le forcer, furent percés de coups, pendant que d'autres n'osant l'aborder, lui tirèrent plusieurs flèches, dont trois percèrent sa rondelle; ce qui fut, dit-il, tout le butin qu'il emporta de Boulogne.

Cependant M. le dauphin et l'amiral faisaient marcher les lansquenets au secours de Montluc, lorsqu'ils rencontrèrent d'Andelot avec toutes les enseignes, ce qui leur donna beaucoup de joie; mais cela pensa être cause de la perte de Montluc. D'Andelot qui ne l'avoit plus vu paraître, leur ayant dit qu'il le comptait mort, les Allemands se retirèrent, et il n'y eut que le vidame de Chartres avec un frère de Montluc, qui hasardèrent de s'avancer jusqu'aux pieds des murailles de la ville, où n'entendant aucun bruit, ils jugèrent comme les premiers que Montluc était perdu, et se retirèrent.

Cet officier sortit de Boulogne si mal en désordre et si peu suivi, que les ennemis le jugeant un simple soldat, ne daignèrent pas le poursuivre; il fit à pied le chemin de Boulogne au camp, ayant de la boue jusqu'aux genoux, ce qui ne l'empêcha pas de se rendre le soir à la tente de M. le dauphin pour demander l'ordre. Ce prince apercevant un homme qu'il croyait mort, lui dit : *Te voilà, Montluc.*

Oui, Monseigneur, répondit-il *grâce à ma fortune; car nul autre qu'elle ne m'a secouru.*

M. le duc d'Orléans, qui avait accompagné M. le dauphin à l'armée, regarda Montluc en riant; et sur le même air qu'on avait fait en Piémont contre les Français battus à l'assaut de Coüi, il chanta quelques mots sur la camisade de Boulogne. Montluc prenant cette raillerie pour un reproche, osa dire à M. le duc d'Orléans, que si on ne lui avait pas donné des lâches pour compagnons, il ne se serait pas trouvé en danger; et que si les autres ne l'avaient point eu pour chef, ils ne se seraient pas sauvés. *Montluc, Montluc,* lui dit M. le dauphin, *vous ne pouvez désavouer la faute que vous avez faite, en vous engageant ainsi dans une ville à forces inégales. — Comment, Monsieur,* répondit Montluc avec feu, *auriez-vous opinion que j'eusse fait faute? Si je le savais, j'irais tout à l'heure me faire tuer dans la ville; vraiment après cela nous sommes bien sots de nous faire tuer pour votre service.* M. le dauphin voulant l'adoucir, lui dit avec bonté : *Montluc, je ne parle point de vous; vous avez sauvé les vôtres : on blâme seulement ceux qui s'étant trop exposés, ont été obligés de fuir.*

M. le dauphin n'ayant plus d'espérance de reprendre Boulogne, et ne craignant pas non plus que les Anglais poursuivissent leurs premiers avantages, quitta l'armée et en laissa la conduite au maréchal de Biez, sous lequel Montluc revint servir après avoir été de l'inutile expédition que le roi fit faire sur les côtes d'Angleterre. Une grande partie des troupes revinrent à la terre d'Oye, où le maréchal de Biez s'occupait à fortifier le fort d'Outreau devant Boulogne, afin de bloquer cette place; mais les pionniers employés aux travaux, étant mal payés du maréchal, maltraités des piqueurs et subornés par des Anglais, profitèrent d'une nuit où ils se voyaient moins observés, pour déserter tous ensemble. Toute la courtine d'un côté du fort restait à faire, ce qui laissait la place ouverte, et exposée aux entreprises des Anglais. Il manda à Montluc de lui envoyer des soldats au lieu des paysans qui l'avaient quitté; mais les soldats la plupart Gascons, répondirent qu'ils s'étaient engagés pour combattre et non pour faire des murailles, et qu'ils déserteraient plutôt que de se soumettre à ce travail.

Montluc dit au maréchal qu'on s'exposerait trop à vouloir forcer ces soldats, et qu'il ne savait d'autre moyen que de promettre à ceux qui voudraient travailler, la même paye qu'on donnait aux pionniers, afin de les tenter par ce léger profit. On y consentit, et Montluc s'étant assuré de quelques compagnies qui appartenaient à des officiers de ses parents, fit porter plusieurs sacs pleins de sous, du pain, du vin et de la viande. Il prit le premier une bêche, remua la terre et fut imité par tous les officiers. Les soldats travaillèrent ensuite avec beaucoup d'ardeur. A l'heure de midi chaque capitaine dîna avec sa compagnie, leur distribuant lui-même des vivres et louant ceux qui avaient témoigné plus d'application. Le soir on quitta le travail, et des trésoriers donnèrent à chaque soldat les cinq sous promis. Les autres soldats qui avaient refusé de travailler, se moquaient des premiers, et les appelaient, *pionniers guastadours;* mais le lendemain tous demandèrent à être reçus, et en huit jours tous les travaux du fort furent achevés, ce qui n'aurait point été exécuté en deux mois par les mains des pionniers.

Le maréchal de Biez ayant achevé le fort d'Outreau, songea à poursuivre les Anglais et à leur livrer bataille; mais les ennemis n'ayant pas voulu l'accepter, il forma le dessein de leur enlever un fort, nommé de leur nom, qu'ils avaient construit avec beaucoup de soin et de peine, pour empêcher les approches de Boulogne, et garder la terre d'Oye. Le maréchal s'avança avec l'infanterie de l'armée, et suivi de M. de Brissac et de Taïs, il se mit sur un petit tertre à l'ombre d'un arbre, pour examiner la place, et voir par quel côté on l'attaquerait, pendant que Montluc, chargé de commander une partie de l'infanterie, traversait un pré qui s'étendait depuis le tertre où se tenait le général, jusqu'au premier fossé de la place.

Les deux fossés étaient séparés par une levée de terre en forme de terrasse, sur laquelle les Anglais avaient placé cinq à six mousquets gros comme de petits canons, pour tirer sur les Français à mesure qu'ils approcheraient. Ils comptaient beaucoup sur cette défense, qui néanmoins n'arrêta pas Montluc : par son ordre, on fit un grand feu d'arquebuses sur tout ce qui se montrait : on vit enfin paraître environ cent vingt Anglais, qui voulaient tenter une sortie. Ce capitaine marcha contre eux, les combattit quelque temps, et remarquant que la plupart commençaient à regarder derrière eux, comme des gens qui songent à la retraite, il se ménagea moins et les poussa jusqu'à leurs murailles, où il prit la plus grande partie de leurs mousquets.

Les officiers qui suivaient Montluc, lui conseillaient de s'en tenir à cet avantage et d'attendre le reste des troupes. *Non,* dit-il, *nous sommes assez pour battre des gens qui ont peur.* Aussitôt suivant les Anglais, ils les poussèrent jusqu'à la gorge de leur premier bastion, où les ennemis firent ferme. Montluc courut aussitôt vers le maréchal de Biez et M. de Taïs, qui continuaient de tenir conseil : *Allons, Messieurs,* leur cria-t-il, *allons au combat; nous les emporterons, je les ai tâtés. — Quelle idée, Montluc,* répondit le maréchal, *plût à Dieu que nous fussions assurés de les emporter promptement avec notre artillerie.* Montluc soutint qu'on n'avait pas besoin de ce secours, et qu'avant que l'artillerie fût en train de marcher, on serait maître du fort. M. de Taïs se laissa gagner, et alla avec Montluc. Le maréchal de Biez n'avait pas bonne opinion de cette précipitation : *Je les laisse faire,* dit-il, *nous verrons si Taïs est aussi brave qu'il le dit avec ses Gascons.*

Cet officier et Montluc se mirent chacun à la tête d'une troupe pour emporter le dedans du fort. Montluc contre l'ordinaire, fit mettre les sergents à la tête, au lieu de les tenir sur les flancs, et leur dit : *Compagnons, vous savez ce que je sais faire; voyez-vous cette enseigne des ennemis plantée sur la courtine, il faut aller la prendre : si en y allant quelqu'un d'entre vous recule, je lui coupe les jarrets. Soldats,* ajouta-t-il, *coupez les miens si je ne vous donne l'exemple.* En effet appuyant la hallebarde dont il était armé contre la muraille du parapet, il la tenait d'une main, et de l'autre s'efforçait de monter ; des soldats qui ne le connaissaient point, jugeant à ses habits simples que c'était un de leurs compagnons, le prirent brusquement par les jambes, et le poussèrent de dessus la courtine dans le fossé. Heureusement pour lui des sergents et des piquiers s'y trouvèrent en même temps que lui ; ils poussèrent ensemble les ennemis, et M. de Taïs étant arrivé aussitôt avec sa troupe, les Anglais sortirent du fort et prirent la fuite vers Calais. On voyait de loin voltiger les drapeaux français au-dessus des murailles du fort. *O Dieu !* s'écria le maréchal de Biez, *ils sont dedans.* Ce général y courut lui-même suivi d'environ cent chevaux, et se trouva maître en deux heures de combat d'un fort, qu'il avait cru capable de l'arrêter plusieurs jours.

Cependant l'alarme était répandue dans Calais. Le gouverneur fit sortir douze enseignes d'infanterie, avec cinquante ou soixante lances, pour venir au secours ; mais il était trop tard ; et l'avis des plus expérimentés d'entre les Français était de combattre ces nouvelles troupes, leur défaite laissant Calais si faible et si dégarni de soldats, qu'il eût été aisé de s'en rendre maître ; d'autres prétendirent, qu'on courait risque de perdre l'avantage qu'on venait de remporter, en s'exposant contre des troupes fraîches et aguerries. La cavalerie commandée par M. de Brissac, fut donc la seule qui se mêla, mais avec désavantage, l'infanterie ayant refusé de la soutenir. Ainsi l'on perdit l'occasion de reprendre Calais avec beaucoup de facilité. La fortune de la France qui semblait dès lors être attachée à la seule personne du duc de Guise, lui réservait la gloire de cette importante conquête.

Montluc qui était demeuré aux environs du fort d'Outreau, continua de harceler les Anglais de Boulogne, et battit le lendemain un de leur parti, en présence des principaux officiers de l'armée, qui avaient parlé trop avantageusement devant lui de la valeur des Anglais. Il était presque passé en proverbe depuis les fameuses batailles de Créci et d'Azincourt, qu'un fantassin Anglais vallait seul deux Français ; Montluc dit qu'il ne souffrirait point que cette opinion subsistât davantage. Ce capitaine convenait que les anglais semblaient attaquer avec plus

de courage et de résolution; mais il en trouvait la cause
dans la façon des armes des Anglais, qui étant très courtes
les obligeaient de s'approcher beaucoup plus des ennemis.
Il les chercha, les battit en plusieurs rencontres; et les
ayant toujours vaincus avec peu d'efforts, il dit que les
Anglais, dont on avait voulu effrayer les autres nations,
étaient sans doute les anciens Anglais habitués en Gascogne, et qu'ils avaient perdu leur première valeur en perdant cette belliqueuse province.

Montluc ne fit rien de remarquable pendant la fin de
cette campagne, après laquelle il revint à la Cour, pour y
servir en qualité de gentilhomme ordinaire; ces sortes de
charges étaient alors remplies par des gentilshommes de
la première noblesse. Il trouva le roi fort occupé du soin
de donner la paix à ses peuples; ce monarque semblait
faire moins d'attention que jamais aux gens de guerre. Il
se trouvait en effet accablé du poids des affaires, le connétable était éloigné depuis quelque temps, et il se défiait des
Guise; de sorte que les militaires devenus en quelque
façon inutiles, trouvaient peu d'appui à la Cour. Montluc
se retira chez lui, où il demeura jusqu'à l'avènement de
Henri II à la couronne, temps où le connétable et les
Guise reprirent une nouvelle faveur.

Jusque-là Montluc avait paru également attaché aux
deux maisons de Guise et de Montmorency; mais ces
maisons s'étant trouvées opposées d'intérêt dans le commencement de ce nouveau règne, il prit le parti du duc
de Guise, dont l'affabilité et la douceur rendaient encore
plus insupportable l'excessive sévérité du connétable, de
qui Montluc dépendait plus particulièrement, à cause de
sa charge dans la maison du roi. Le crédit du duc de
Guise augmentait chaque jour, il promit à Montluc de l'a-
vancer, cela le détermina à faire sa cour à ce prince; d'ailleurs, l'attachement sincère de Montluc pour la religion
catholique, fut une des raisons qui l'engagèrent à préférer
le duc de Guise, en faveur duquel il se déclara toute sa
vie, souvent même aux dépens de sa réputation.

Ce prince lui fit d'abord avoir la dignité de mestre
de camp dans l'armée du Piémont, commandée par le

prince de Melphe, et le gouvernement de Montcallier, place forte dans cette même province. Il s'y rendit avec des troupes, dans l'espérance de pouvoir acquérir un nouveau degré de gloire, dans un pays qui était devenu le théâtre de la guerre ; mais le prince de Melphe, déjà vieux et valétudinaire, évitait avec soin de prendre les armes ; ce qui rendit la bonne volonté de Montluc inutile pendant dix-huit mois qu'il servit sous lui dans le Piémont.

Ennuyé de cette vie oisive, il revint encore en Gascogne, aimant mieux, disait-il, vivre en paix dans sa maison, qu'auprès des ennemis : sa résolution était de séjourner longtemps au milieu de sa famille, lorsqu'il reçut ordre du roi de se rendre à la Cour. M. de Brissac venait d'être nommé au gouvernement du Piémont, à la place du prince de Melphe, et tous les gens de guerre désiraient d'aller servir sous un Général si renommé. Montluc le vit à Villeneuve-Saint-George, qui était alors une petite ville où le roi se tenait avec toute la Cour. On lui donna, sous le nouveau général, le même rang qu'il avait eu sous le prince de Melphe, avec beaucoup plus d'espérance de se signaler.

Montluc accompagna M. de Brissac pendant tout son voyage, ce qui lui fut, selon lui, aussi utile que s'il eût gagné deux victoires sous ses yeux, l'habitude de le voir ayant donné à ce seigneur plus d'envie de l'employer. Le mérite de Brissac et les bonnes grâces de la duchesse de Valentinois, lui avaient suscité bien des ennemis à la Cour ; c'était à l'adresse de cette dame, qu'il devait le gouvernement de Piémont, ce qui lui donnait plus d'envie de se signaler en arrivant dans cette province, où le dessein du roi était de recommencer la guerre à la première occasion, et Brissac avait ordre de la faire naître.

Le Maréchal fit l'ouverture de la campagne par la conquête de Saint-Damian, que le capitaine Bassé surprit de cette sorte. La garnison de cette ville avait coutume d'en ouvrir les portes tous les matins, afin de laisser sortir le peuple, et entrer les gens de la campagne ; et pour éviter tout accident, ils posaient plusieurs sentinelles au dehors des murailles, pour examiner ceux qui entraient ou qui sor-

taient; mais souvent cette précaution était retardée par la
négligence des officiers subalternes qu'on en avait chargés. Bassé s'en apperçut, et choisissant un jour de marché,
il fit déguiser un grand nombre de soldats en villageois,
qui eurent le temps d'entrer dans la place avant que les
sentinelles fussent posées ; ils se réunirent même sans être
reconnus; mais au lieu d'étaler leurs denrées, ils mirent
l'épée à la main, et forcèrent la garnison effrayée de se
retirer dans le château. Bassé la fit sommer de se rendre;
et comme elle s'y était réfugiée plutôt pour éviter la première furie du vainqueur, que dans l'espoir de lui résister,
elle se rendit le lendemain à des conditions honnêtes.

Montluc qui n'avait point été de l'entreprise de Saint-
Damian, aida à exécuter celle de Quiers, beaucoup plus
périlleuse, parce qu'il fallut y combattre ; elle réussit
néanmoins, et par là le maréchal de Brissac se trouva supérieur en forces et avancé dans le pays ennemi. Ce qu'il
y eut de singulier à l'expédition de Quiers, c'est que si
toutes les mesures prises d'abord par le maréchal eussent
réussi, ses troupes eussent été vaincues; mais les échelles
s'étant trouvées trop courtes, il fallut avoir recours au canon avec lequel on emporta la place le même jour.

Dans ce même temps le maréchal se rendit maître de la
ville de Quiers, où Montluc se blessa à la cuisse, en des-
cendant avec trop de précipitation de la brèche dans le
fossé, pour empêcher quelques gens sans aveu d'entrer
dans cette ville, qui voulaient piller. Le maréchal de Brissac, malgré les affaires importantes qui l'occupaient, vint
voir Montluc, et tint même conseil trois fois dans la
chambre où il était couché. Cette situation était pénible
pour un homme qui regardait le repos comme le plus fa-
tigant de tous les travaux ; mais en vain voulut-il forcer
sa blessure, on l'obligea de se tenir deux mois et demi au
lit, pendant que le maréchal continuait la guerre avec
beaucoup de succès.

Dom Fernand, gouverneur du Milanais, ayant assemblé
une grande armée, le bruit courut que les deux généraux
voulaient livrer bataille, ce qui attira dans le Piémont une
foule de Noblesse, qui s'y rendit de France dans l'espoir

de se signaler. Montluc se trouva guéri en ce temps-là, au moins fut-il en état de suivre l'armée monté sur une mule. On s'attacha d'abord au siège de Lans, croyant que l'importance de la place engagerait le gouverneur du Milanais à la secourir. La ville de Lans était environnée de précipices, à l'exception de la porte du château, qui était défendue par deux épais bastions bien garnis d'artillerie, et contre lesquels on aurait vainement fait jouer le canon à cause de l'épaisseur des murailles, et de la facilité que les ennemis, supérieurs en artillerie, auraient de démonter celle des Français. On ne pouvait non plus transporter le canon à cause des précipices, et il ne restait de place capable de le contenir, qu'une montagne escarpée, située derrière le château ; mais elle était si raide et d'un accès si difficile, que les ingénieurs, après l'avoir examinée, dirent qu'il était impossible d'y faire monter une seule pièce de canon.

Le maréchal et les principaux officiers de l'armée y allèrent après eux, et revinrent convaincus de l'impossibilité de prendre la place sans artillerie, et de la difficulté de la placer. M. de Brissac fit dire à Montluc de renvoyer le canon, que cet officier avait amené avec assez de peine. Il s'emporta contre cet ordre, et soutint qu'il n'y avait nulle place dans le monde contre laquelle on ne pût à force de travail et de soin faire agir l'artillerie : on lui soutint le contraire, et le maréchal voulant le convaincre, lui dit d'aller lui-même faire une nouvelle visite des lieux, ce qu'il entreprit monté sur sa mule, et suivi de quelques-uns des officiers qui avaient été avec le maréchal.

Il alla donc sur la montagne à travers les arquebusades qu'on lui tirait de la ville. On tremblait pour sa personne à cause qu'il était à cheval, et que les gens de pied avaient beaucoup de peine à se garantir du feu des ennemis. Enfin Montluc arriva au haut de la montagne, où il demeura longtemps à examiner le terrain, trouvant en effet toutes les difficultés qu'on lui avait dépeintes ; mais l'ardeur de les vaincre rendant son examen plus exact, il découvrit un espace uni capable de contenir plusieurs pièces, et trouva les moyens de les faire parvenir jusque-

4

là. Il en rendit compte au maréchal, et lui dit qu'à force
de travail, on viendrait à bout de faire un chemin capable
de conduire l'artillerie jusqu'à l'endroit qu'il avait remarqué.

« J'étais surpris, dit le maréchal, de ne pas vous trou-
» ver, j'ai envoyé deux fois vous chercher pour assister au
» conseil, où vous entendrez la résolution que nous avons
» prise de nous en retourner; il faut que vous rameniez
» l'artillerie par le même chemin qu'elle a été amenée. »
Alors Montluc lui répondit : « Comment, Monsieur, vous
» voulez vous en retourner sans prendre cette place ? cela
» n'est pas digne de M. de Brissac : je viens de la recon-
» naître, et par le même lieu où vous l'avez reconnue, et
» vous assure que nous y mènerons l'artillerie. — Il faudra
» donc, lui répondit M. de Brissac, que ce soit Dieu qui l'y
» conduise ; car il n'est point en la puissance des hommes
» de le faire. — Je ne suis point Dieu, répondit Montluc, et
» je l'y amènerai. — Oui, répliqua le maréchal, mais avec
» des engins ; et cependant dom Fernand qui est à Ver-
» ceil, assemble une armée et nous veut donner bataille ;
» il a trois mille Allemands, et je n'ai ni Suisses, ni
» Allemands pour lui répondre. — Je vous oblige mon
» honneur et ma vie, repartit Montluc, de mettre quatre
» pièces de canon sur la montagne en deux matins. — Mais
» ces trois mille Allemands, dit le maréchal, viendront
» nous attaquer. — Eh ! Monseigneur, reprit Montluc, faites-
» vous tant de cas des Allemands du gouverneur du Mi-
» lanais, que nos Gascons ne leur puissent répondre ; de
» ces trois mille Allemands, je suis sûr qu'il y en a quinze
» cents qui n'ont point de chausses, au lieu que la plupart
» de nos soldats sont vêtus de satin et de velours, et les
» gens bien vêtus sont plus braves que les autres. »

M. de Montmorency, fils du connétable, ayant écouté
Montluc avec beaucoup d'attention, prit la parole, et
dit au maréchal : « Monsieur, Montluc est vieux capi-
» taine, il me semble que vous devez ajouter foi à ce
» qu'il vous a dit. — Vous ne le connaissez pas comme moi,
» répondit le maréchal ; car il ne trouve rien de difficile, et
« un jour il nous fera tout perdre. — Non pas, Monsieur,

» s'écria Montluc, quand je vois un danger évident, j'ai
» aussi grand'peur de ma peau que les autres, mais en ceci
» je ne trouve aucun inconvénient. » M. de Nemours soutint aussi Montluc, et pria qu'on le laissât faire. Le
prince de Condé, le comte d'Enghien et le duc d'Aumale,
ainsi que M. de Gonnor, depuis maréchal de France, et
plusieurs autres furent de même avis. « Oh bien! reprit
» M. de Brissac, je vois que tous vous autres avez envie de
» faire les fous, faisons-les donc, car je vous ferai con-
» naître que je le suis autant que vous. » Montluc triomphant se tourna vers les princes à qui il dit: » Messieurs,
» il faut aussi que vous mettiez la main à l'œuvre, et
» que vous mettiez le cœur au ventre aux soldats, afin
» que s'ils voulaient reculer à un aussi grand travail que
» celui qu'il faut entreprendre, on leur puisse repro-
» cher que les princes et seigneurs y ont mis la main avant
» eux. »

Le maréchal, voulant faire connaître qu'il n'avait point
eu d'injustes préventions contre cette entreprise, voulut
bien se charger lui-même de conduire une pièce de canon,
le prince de Condé et le comte d'Enghien conduisirent la
seconde, M. de Montmorency la troisième, et la dernière
fut laissée ainsi que les autres au pied de la montagne, le
reste de l'ouvrage étant abandonné à Montluc. Il alla
le lendemain faire commencer à aplanir le terrain :
soixante pionniers armés de gros marteaux et de pics de
fer, rompirent les pointes des rochers, écartèrent les
pierres mobiles, comblèrent les trous, élargirent les pas-
sages, et travaillèrent avec tant d'ardeur, qu'à deux
heures après midi l'ouvrage se trouva achevé; alors
quatre-vingts soldats de la compagnie de Montluc montèrent la première pièce avec une difficulté surprenante.
M. de Picquigni marchait devant elle une petite lanterne
à la main, pour éclairer aux conducteurs, ce qui l'exposait aux arquebusades fréquentes des ennemis, qui pouvaient le voir. Les trois autres suivant la même route que
les premiers, montèrent avec beaucoup plus de facilité ;
de sorte que sur les quatre heures du matin les pièces
furent placées en batterie.

Le maréchal de Brissac souhaitant le succès de cette entreprise avec beaucoup d'ardeur, se tint debout une partie de la nuit, envoyant savoir de quart d'heure en quart d'heure à quel point était l'ouvrage : on lui vint dire enfin qu'il était achevé. Sur-le-champ ce général se rendit lui-même à la batterie, et félicita Montluc de son heureux succès; il souffrit même les reproches que cet officier lui fit, d'avoir cru légèrement aux premiers avis qu'on lui avait donnés. Au point du jour on tira quelques volées de canon sur le château, ce qui intimida de telle sorte la garnison, qu'on entendit presque aussitôt battre la chamade. Montluc eut l'honneur de faire cette capitulation dont le maréchal l'avait chargé.

L'extrême fatigue qu'il avait essuyée ne lui permettant pas de suivre l'armée, il se rendit à Montcalier pour y attendre une parfaite guérison. Il monta à cheval aussitôt qu'il lui fut possible de le faire, et joignit l'armée où l'on était dans l'attente de quelque grand événement, à cause des forces que le gouverneur du Milanais assemblait, et des desseins qu'il paraissait avoir sur plusieurs places du Piémont. Dom Fernand en voulait surtout à Cazal, ville aussi faible, qu'elle a été depuis bien fortifiée. Montluc informé de ce dessein, en alla instruire le maréchal à Turin, où il faisait sa résidence ordinaire, et lui demanda si son dessin était d'abandonner Cazal : « Oui, répondit le » maréchal, et qui voudriez-vous qui fût si fol et hors de » sens, que d'entreprendre la défense d'une telle ville? » Ce sera moi, répondit Montluc. Monsieur, ajouta-t-il, le » roi ne nous paye, ni ne nous entretient que pour trois » raisons, l'une pour lui gagner une bataille, afin que par » le moyen d'icelle, il puisse conquérir beaucoup de pays; » l'autre pour lui défendre une ville, car il n'y a ville qui » se perde, sans amener grande perte de pays; et la troi- » sième pour prendre une ville, car le gain d'une ville as- » sujettit beaucoup de gens, et tout le reste n'est qu'escar- » mouches, qui ne servent qu'en particulier à nous faire » connaître et estimer de nos supérieurs et acquérir de » l'honneur; car quant au roi, il ne profite de rien des » avantages particuliers, que des trois choses que j'ai

» dites ci-dessus ; et par ainsi je mourrai plutôt dans cette
» Place, que de consentir qu'elle se rende. »

M. le Maréchal parut fort satisfait de sa fermeté, et y
résolut de le laisser maître. Brissac était fort judicieux, et
se faisait une règle de tout ce qui était raisonnable, en
quoi il étoit bien différent de M. de Lautrec, qui s'abandon-
nait trop facilement à tout ce qui se présentait à son imagination. Montluc entra donc dans Cazal avec un assez
grand nombre de troupes, afin de réparer par là le défaut des fortifications et se mettre en état d'en élever de
nouvelles, si les ennemis lui en donnaient le temps.

Cazal était alors une petite ville fermée d'une muraille
de cailloux et entourée d'un fossé plein d'eau, mais sans
bastions, au moins capables de résistance : aussitôt après
l'arrivée de Montluc, cinq cents Pionniers commencèrent à
élever des fortifications avec tant d'ardeur et de succès,
que l'on commença à espérer de pouvoir faire quelque résistance ; mais le maréchal de Brissac ne doutant pas qu'à
la fin une place aussi faible ne fût prise, voulut retirer une
compagnie d'armes de M. de Gié, que son fils commandait ;
mais ce jeune officier plein de courage et, de bonne volonté, répondit au maréchal, qu'après avoir été si longtemps
dans Cazal, il n'en sortirait pas à la veille d'un siège, et
qu'il aimait mieux perdre sa compagnie.

Le maréchal mécontent de cette réponse, lui envoya un
nouvel ordre de sortir de Cazal, et sur un second refus,
obligea sa compagnie de le quitter. M. de Gié demeura
donc seul avec Montluc, piqué contre le maréchal de ce
qu'il avait forcé ses gendarmes à l'abandonner ainsi.
Le maréchal peu de jours après, sachant que les ennemis
étaient encore éloignés, se rendit à Cazal pour examiner les travaux, qu'il trouva très faibles. La pluspart
des officiers qui l'accompagnaient, jugèrent que Montluc
s'était chargé d'une entreprise au-dessus de ses forces, et
quelques-uns le quittèrent en pleurant, comme un homme
qu'ils jugeaient perdu sans ressource. Cette tendresse capable d'intimider les soldats, parut dangereuse à Montluc ;
et pour en éviter les marques, il pria le maréchal de ne
plus revenir, afin de le laisser tout entier au soin de

mettre sa place en état de défense. Il réussit de telle sorte,
que Dom Fernand qui ne voulait rien risquer, abandonna
le dessein de venir assiéger Cazal.

Pour surcroît de fortune, les Français si heureux jusques-là dans tous leurs projets, marchèrent une nuit vers
Albe, l'attaquèrent et la prirent. M. le maréchal l'ayant su,
envoya promptement à Montluc une lettre qui contenait
ces mots : *M. de Montluc, je viens d'être averti sur l'heure
que notre entreprise d'Albe a réussi comme nous pouvions
l'espérer ; nos gens sont dedans et j'y vais en diligence.*
Le courier apporta cette nouvelle environ sur les dix
heures du matin.

Le gouverneur de Vulpian ayant retenu un trompette de
M. de Maugiron, Montluc jugea à propos d'envoyer à l'instant un tambour du Capitaine Gritti, pour lui montrer la
lettre de M. le maréchal, et il le chargea en même temps
d'aller dire au gouverneur de Vulpian, que Dom Fernand
ne pourrait mieux réparer son honneur, qu'en venant assiéger Cazal ou en présentant le combat ; mais le tambour
étant arrivé à la porte de Vulpian, on lui dit que le Gouverneur était allé à la pointe du jour au conseil à Riverol, où
le gouverneur du Milanais faisait alors sa résidence. Il apprit aux soldats qu'il trouva à la porte, la prise d'Albe, ce
qui leur parut si peu croyable, qu'ils maltraitèrent beaucoup le tambour, le mirent en prison et le menacèrent de
le pendre, s'il se trouvait que la nouvelle fût supposée. Le
tambour protesta de la sincérité et attendit sa liberté des
réponses que les ennemis feraient. Leur malheur ne fut que
trop confirmé, et Montluc débarrassé de toute crainte,
envoya une partie des troupes qui avaient été dans Cazal,
afin de fortifier Albe, supposant avec raison, que ces soldats accoutumés aux travaux, et joyeux d'avoir conservé
Cazal, montreraient plus d'émulation et animeraient les
autres ; la chose réussit, et Montluc vint recevoir les éloges
de ses généraux.

Le gouverneur du Milanais fut vivement affligé du mauvais succès de cette campagne ; il l'attribua à Dom Arbre,
un de ses lieutenants, qui s'était amusé à prendre quelques
forts situés aux environs de Cazal, au lieu d'aller prompte

ment attaquer la ville même, ce qui aurait embarrassé Montluc, à qui il donna au contraire tout le temps de se fortifier. M. de Brissac, à l'occasion du reproche fait à Dom Arbre sur sa lenteur, fit remarquer à ses officiers, que dans les opérations de la guerre, plus qu'en aucune autre, la diligence est le premier des moyens qui conduisent au succès.

Les Espagnols ne parurent pas avoir adopté cette maxime, tant il se montrèrent lents dans la suite dans tout ce qu'ils voulurent entreprendre. Ils mirent en ce temps-là le siège devant Saint-Damian, petite place forte, munie d'une bonne garnison, mais très peu fournie de vivres. Le gouverneur en envoya demander ainsi que de la poudre, et Montluc fut chargé de conduire ce secours, difficile à faire entrer dans une ville environnée d'une armée entière et par un temps fâcheux, la terre se trouvant alors toute couverte de neige. Montluc amassa un certain nombre de sacs ; dans les uns il mit de la poudre, dans les autres des vivres ; trente paysans furent chargés d'une partie de ces munitions, et s'avancèrent vers Saint-Damian, suivis de quelques Suisses, et de cinq à six gentilshommes qui voulaient se jeter avec eux dans la place.

Le maréchal de Brissac, que le secours de Saint-Damian intéressait vivement, en avait donné la conduite à deux vieux officiers, dont il connaissait la prudence ; il croyait que leur expérience pourrait servir au succès. Montluc fut d'un sentiment contraire, et pensa que dans certaines entreprises brusques et hardies, il fallait préférer le jeune soldat ; il n'appréhende pas tant le danger : il est vrai que la conduite est nécessaire, mais on peut le diriger par des ordres précis ; d'ailleurs, il est prompt, la chaleur lui augmente le courage, qui souvent est refroidi dans le vieillard. Il chargea deux jeunes officiers de l'exécution de ses ordres ; et, afin de faliciter leur entrée dans la ville, une autre troupe donna une fausse alarme au camp des ennemis.

Un de ces officiers se nommait Dom Pedro Antonio, jeune homme rempli de courage, mais peu réglé dans sa conduite, ce qui avait obligé Montluc, naturellement sévère, à l'envoyer deux fois en prison. « Dom Pedro, lui

» dit-il alors, si tu entres dans la place, je te promets non
» seulement d'oublier tes folies, mais de te procurer toutes
» sortes de récompenses : tu as donné assez de preuves
» de ta valeur, donnes-en aujourd'hui de ta prudence, et
» j'engagerai M. le Maréchal à te donner une compagnie. »
Ce jeune homme flatté du choix qu'on avait fait de lui,
répondit à Montluc qu'il entrerait dans la place, *et j'en
reviendrai*, ajouta-t'il, *mort ou sage*. Il tint parole. Le
secours entra dans Saint-Damian, et Dom Fernand, qui
n'avait espéré prendre cette ville qu'à cause du défaut de
vivres et de munitions, la battit encore durant quelques
jours ; et enfin voyant qu'une mine, sur l'effet de laquelle
il comptait beaucoup, avait été éventée, il leva le siège
et se retira. Accident, qui lui parut d'autant moins aisé à
supporter, qu'il l'éprouvait pour la troisième fois depuis
cette campagne.

Montluc était toujours fort incommodé de la cuisse, à
cause des fatigues continuelles qu'il était obligé d'essuyer
pendant une maladie à laquelle il fallait du repos ; il pria
le maréchal de vouloir bien s'employer pour lui en procurer, et il lui remit son état de Mestre de Camp. M. de Brissac, content de ses services, sollicita lui-même une récompense ; et sans que Montluc eût fait aucune démarche à ce
sujet, il reçut les provisions de gentilhomme de la
chambre, et celle du gouvernement d'Albe, ce qui le mit
au rang des premiers officiers de l'armée. Il jouissait
outre cela d'une réputation bien supérieure à sa fortune,
et l'on avait principalement recours à lui dans toutes les
expéditions difficiles.

Le maréchal de Brissac, en entrant dans le Piémont, avait
tout mis en usage pour attacher à la France la haute noblesse du pays ; c'était le seul moyen de vaincre la disposition des peuples, toujours portés pour leur ancien maître.
Le comte de Bene était un des Seigneurs Piémontais que
le maréchal avait gagné, et ce fut lui que Dom Fernand
voulut attaquer le premier pour le punir de sa désertion,
et faire craindre aux autres une destinée semblable. Il était
encore animé dans ce dessein par le jeune duc de Savoie
nouvellement arrivé dans le Piémont, dont la présence ré-

veillait l'inclination des peuples. Il fut donc résolu de
mettre le siège devant Bene et de tout employer pour se
rendre maître de cette place, qu'on voulait détruire de
fond en comble.

On commença par entreprendre de tarir deux sources
qui donnaient de l'eau dans la ville, et d'empêcher ainsi
les moulins de moudre le blé : peu après toute l'armée
ennemie environna la place. Le maréchal s'en inquiéta peu,
croyant que Bene était bien fournie de vivres, parce qu'il
avait donné ordre qu'on y fît entrer douze cents sacs de
blé ; mais le soir même le Gouverneur de la ville le dé-
trompa, en lui mandant qu'il se trouvait à peine pour
quinze jours de vivres ; ce qui le fit entrer dans une grande
colère contre celui qui avait été chargé de ses ordres.
Cependant le remède paraissait impossible ; l'exemple de
Saint-Damian, où l'on avait jeté du secours malgré les ennemis, leur avait inspiré plus de défiance, et les avenues
de Bene étaient gardées avec une grande exactitude.

Le Comte de Bene n'avait pas manqué de se jeter
dans sa ville ; mais ce seigneur ne s'étant jamais trouvé
à aucune expédition militaire, et n'ayant aucune idée
de la défense d'une place, son inquiétude était extraordinaire ; il envoya divers courriers au maréchal, pour le
prier de ne pas le laisser périr dans une place qu'il avait
donnée à la France, dans l'espoir d'une protection proportionnée à la fidélité qu'il témoignait pour elle. Le maréchal touché du sort de ce seigneur, répondit qu'il mettait tout en usage pour le sauver, mais que ses efforts
pourraient bien être sans succès. Le comte renvoya une
seconde fois pour dire qu'il demandait seulement M. de
Montluc. Cette proposition embarrassa le maréchal, qui ne
voulait point exposer un officier de cette importance, dans
une occasion où le danger était évident. D'ailleurs Montluc
encore mal remis de la cuisse sortait d'avoir la fièvre ; cependant le maréchal lui en parla : *Voulez-vous*, lui dit-il,
*sauver ce pauvre comte de Bene, il a une grande con-
fiance en vous, et dit que pour la moitié de son bien, il
voudrait vous avoir avec lui.* Montluc était instruit de
l'état de la place, ce qui ne donnait pas d'envie de s'y en-

fermer. *Que ferai-je*, répondait-il au maréchal, *dans une ville où les soldats mourront de faim dans trois jours; je ne suis pas pour faire des miracles. — J'ai si grande opinion de vous*, répliqua le maréchal, *que si je vous savais dans la place, je la croirais sauvée. En tout cas*, ajouta-t-il, *vous obtiendrez une capitulation honorable. — Ah! Monsieur*, s'écria Montluc, *que dites-vous? j'aimerais mieux être mort, que de voir jamais mon nom en de pareilles écritures.*

M. de Bonivet craignant beaucoup pour Montluc, n'osait lui conseiller de se jeter dans Bene; mais l'y voyant résolu, il ordonna à douze ou quinze gentilshommes de sa suite, de suivre Montluc, qui partit accompagné d'environ trente chevaux, avec un valet de chambre seulement, et entra dans Bene. Le comte et la comtesse de ce nom vinrent le recevoir avec de grandes démonstrations de joie, et tous les habitants de la ville crurent voir en lui leur libérateur.

Montluc ne se donna pas un moment de repos; il fit venir sur-le-champ la noblesse de la ville, les charpentiers, les maçons; il encouragea les gentilshommes à la défense de leur patrie, et anima les ouvriers au travail; ensuite il visita les provisions, qui consistaient seulement en cinquante-deux sacs de blé; de sorte, qu'en y comprenant la farine, il y avait au plus des vivres pour huit jours. Montluc fit visiter toutes les maisons de la ville, où l'on ne trouva rien de plus que ce qui avait été déclaré d'abord, ce qui augmenta son inquiétude; mais en visitant les remparts, il remarqua que la campagne était couverte de blé déjà mur, et que le camp des ennemis se trouvait placé de façon, qu'avec de certaines précautions il était possible d'en recueillir. Ce n'était pas assez, on manquait de moulins, les ennemis s'étant emparés de ceux du dehors, et les meules des moulins se trouvant hors d'état de servir.

Dans cette perplexité, un maçon se présenta, qui dit avoir découvert quelques tombes, dont les dessus pouvaient servir de meules; la comtesse de Bene alla elle-même faire la visite des tombes avec le maçon, et trouva de quoi faire onze meules, ce qui suffisait pour le besoin de la ville. Il n'était plus question que d'avoir du blé, ce fut à quoi Montluc s'appliqua. Les femmes et les enfants de la ville s'assemblèrent dans la place avec les vieillards en état d'agir, ce qui formait un nombre d'environ cinq à six cents personnes ; on leur distribua des serpes, des faux et des sacs ; les plus forts devaient scier et couper le blé, les femmes et les enfants, lier et porter les gerbes, quand elles seraient faites.

Montluc distribua cette foule par compagnies, à chacune desquelles il donna plusieurs chefs pour avoir l'œil sur le travail et pour que tout se fît en ordre. Les portes de la ville étaient fermées, afin que les ennemis ne fussent point instruits de ce qui s'y passait ; et avant de les ouvrir, Montluc envoya au gouverneur français d'une ville voisine, pour le prier qu'à une certaine heure, il fît attaquer le camp des ennemis pour les occuper pendant quelque temps. Ensuite, il fit ouvrir une porte de la ville, et la foule s'écoula dans la campagne la plus voisine. Une troupe de gens de guerre les précédaient pour combattre un corps-de-garde placé à la tête d'un champ de blé, ils le mirent en fuite sans peine, et aussitôt les travailleurs mirent la main à l'œuvre avec tant d'ardeur, qu'on croyait voir les blés s'anéantir devant eux. À peine les gerbes étaient-elles achevées, qu'on les transportaient sur le champ dans la ville, où la confiance renaissait à leur vue.

La joie augmenta encore, lorsque sans s'y attendre, ce qui était resté des bourgeois virent le canal de la rivière se remplir, et l'eau faire mouvoir les roues des moulins. Le blé coupé fut dans l'instant mis en farine. Enfin tout le monde arriva chargé de gerbes, jusqu'aux soldats même qui tenait leurs armes d'une main, et une gerbe de l'autre. L'heureux succès de cette première sortie inspira tant d'ardeur aux bourgeois, que sans prendre d'ordre, ni demander d'escorte, il sortirent pendant la nuit du lendemain, firent la moisson chacun dans leur champ avec plus de précaution, mais avec autant d'avantage que s'ils n'avaient point eu d'ennemis en tête ; en même temps les moulins à bras que la comtesse de Bene avait fait commencer, se trouvèrent achevés, ce qui mit la ville en état de se passer de la ri-

vière, que les ennemis avaient mise à sec une seconde fois.
Montluc s'étant ainsi assuré des murailles de la ville et des
magasins, fit chaque jour de nouvelles sorties sur les
ennemis, tâchant de surprendre ceux de leurs quartiers
qui étaient les plus avancés. Dom Fernand prévenu de son
habileté, se tenait toujours sur ses gardes, de façon que
Montluc étant attendu, les escarmouches étaient chaudes
et fréquentes. Ce seigneur prévoyant qu'il allait essuyer
le même sort qu'il avait éprouvé devant les villes d'Albe et
de Saint-Damian, se plaignit avec aigreur du comte de la
Trinitat, frère du comte de Bene, qui étant engagé dans
un parti contraire, avait lui-même sollicité la ruine de sa
maison, en demandant la perte de son frère, après avoir
cherché sa destruction. Ces reproches auxquels le comte
de la Trinitat ne pouvait rien répondre que de suspect,
ne garantirent pas le gouverneur du Milanais du malheur qui les causait; il fut contraint de lever le siège de
devant Bene et de se retirer, avec la douleur de n'avoir
jusques-là obtenu aucun succès. M. de la Trinitat refusa
d'abord de le suivre, affectant un grand mécontentement
des soupçons dont on l'avait rendu l'objet, ce qui alarma
Dom Fernand, qui, après avoir perdu l'espérance de
prendre cette ville, ne voulait perdre un homme de qualité, dont le crédit était considérable dans le Piémont; il
tâcha donc de le regagner, en rejetant sur la fortune les
fâcheux événements qu'ils avaient éprouvés ensemble.

La ville de Bene se trouvant délivrée de toute crainte,
Montluc en sortit couvert de gloire, et se rendit à Albe
pour y goûter quelque repos; mais le maréchal de Brissac
vint lui-même le chercher jusque dans cette ville, pour
l'emmener à la surprise d'une place nommée Courteville,
où ce seigneur avait formé une intelligence; mais le projet n'ayant pas réussi, il fallut avoir recours à la force, et
le canon fut mis en batterie; on tira en deux jours environ douze cents coups de canon, qui abattirent une partie
de la muraille, ce qui donna d'abord une grande joie aux
assiégeants; mais la fumée de canon et la poussière des
ruines s'étant abaissée, on découvrit une autre muraille
fort épaisse derrière celle qui venait d'être renversée. Il

fallut canoner de nouveau, et on vint enfin à bout d'entrer
dans la ville; les ennemis ne s'étant pas opiniâtrés à une
longue résistance, ils se retirèrent dans le château, où ils
comptaient se venger des Français, en les obligeant à lever
le siège.

C'était ce que le maréchal appréhendait le plus. Il ordonna à Montluc de quitter un monastère voisin de la
ville où il était logé, pour venir se placer plus près du
château. Montluc en examina les murailles avec beaucoup
de soin, et reconnut que d'un côté où l'on jugeait que l'artillerie ne pouvait donner, on avait si fort négligé la muraille, qu'elle avait en plusieurs endroits des crevasses,
par lesquelles on voyait aisément tout ce qui se passait
dans la place. M. de Richelieu était chargé du commandement de l'artillerie, et montrait autant de génie que
d'ardeur pour toutes les opérations qui dépendaient de
lui : Montluc l'engagea à venir visiter avec lui les défenses
du château ; il lui montra l'ouverture des murailles, et le
pressa ensuite de risquer la peine de quelques canoniers,
pour tenter d'y conduire l'artillerie. Richelieu après avoir
tout vu, lui remontra que la chose était absolument impossible : la place qu'il montrait était en effet propre à
recevoir le canon, mais les chemins qui y conduisaient
étaient absolument impraticables, à moins qu'on ne voulût
entreprendre de faire naviguer des canons sur la rivière,
dont le lit embrassait la partie du château, où la muraille
se trouvait fort défectueuse.

Montluc se mit en tête de reconnaître la rivière, quelque péril qu'il y eût à le faire, toute la courtine de ce côté-
là étant jour et nuit couverte d'arquebusiers choisis entre
ceux qui tiraient avec plus de justesse; il avait dans sa
compagnie un soldat déterminé, souvent puni à cause de
ses dissipations et de son opiniâtreté, caractère d'esprit
qui suppose ordinairement de la témérité; ce fut à cet
homme-là que Montluc crut devoir s'adresser, pour lui
faire essuyer le danger le plus évident auquel on puisse
être exposé; il lui promit dix écus pour l'animer, et le
soldat, sans balancer davantage, allait se jeter dans l'eau,
si Montluc plus attentif à sa conservation que lui-même,

ne l'avait forcé d'attendre l'arrivée de quelques arquebusiers qu'il avait mandés pour les opposer à ceux de la
courtine, et les obliger de surprendre le feu continuel
dont ils couvraient la rivière et ses bords.

Au signal de Montluc le soldat entra dans l'eau, où
trouvant d'abord un lit peu profond, il fut obligé de marcher sur les mains, pour se dérober aux coups ; dans cette
posture fatigante, il traversa la rivière jusqu'à la muraille
de la ville, tâta le fond, le jugea solide, et assura Montluc
que les chariots d'artillerie n'en auraient que jusqu'aux
moyeux. Il alla rendre compte de cette découverte au maréchal de Brissac devant deux ingénieurs, que le général
avait chargés de sonder la rivière, et dont l'un nommé
Duno, s'obstina à soutenir le contraire de ce qu'avançait
Montluc. Celui-ci s'emporta et demanda au maréchal s'il
croyait plutôt cet ingénieur. « Oui, lui répliqua-t-il, parce
» que c'est son métier, et que je ne crois pas qu'on doive
» exposer des gens à périr sur une vaine espérance. —
» Monsieur le maréchal, répondit Montluc, il a longtemps
» que je connais M. de Brissac, et je ne le vis jamais avoir
» tant de crainte des arquebusades, qu'il laissât recon-
» naître par un autre ce qu'il pouvait reconnaître lui-
» même. Vous êtes le même, et pour être devenu lieu-
» tenant de Roi, vous n'en êtes pas plus coüard. Montez
» à cheval, et je vous ferai avouer, après l'avoir vu,
» que vous serez maître du château avant d'avoir tiré dix
» coups de canon.

Le Maréchal voulut en effet monter à cheval ; il suivit
Montluc tout en colère avec Duno ; ils allèrent gagner le
bord de la rivière par un chemin si étroit, qu'ils furent
obligés de mettre pied à terre, et de courir de toute leur
force à travers une grêle d'arquebusades dont ceux de la
ville les accablaient. Duno piqué contre Montluc, se dé-
pouilla, entra dans la rivière debout, bravant le feu de la
ville, d'où on le tirait à la portée du pistolet ; il alla de
cette sorte jusqu'au pied de la muraille, trouvant à chaque
pas la conviction de sa faute, qui fut aisément oubliée en
faveur de son courage. On se disposa aussitôt à faire marcher l'artillerie, on arrangea tout pour lui faire passer la

rivière ; ce qui s'exécuta avec moins de peine et plus de succès qu'on ne l'avait présumé, Montluc ayant placé quarante arquebusiers derrière une roche, d'où ils tiraient sans cesse sur ceux de la ville, qui pouvaient incommoder les travailleurs. Le canon se trouva placé pendant la nuit et en état de tirer à la pointe du jour, mais le maréchal de Brissac qui voulait voir l'effet de ses premières volées, ayant appris que Dom Arbre était arrivé à une lieue de la place, avec intention de la secourir, gagna une montagne voisine avec une partie des troupes, pendant que Montluc secondé de plusieurs officiers généraux, continuait le siège avec ce qui restait de soldats. On tira une volée de canon, et l'ennemi voyant battre ses murailles par un endroit qu'il avoit jugé hors d'atteinte, battit la chamade.

Dom Diego était gouverneur de la place ; cet officier joignit à la hauteur naturelle à sa nation, une fierté qui le rendait insupportable. Tout vaincu qu'il était, il voulait donner la loi dans la capitulation ; mais il avait en tête dans la personne de Montluc, un homme qui ne lui cédait point en orgueil. Il raya celles des propositions du gouverneur, qu'il n'avait point intention d'accorder, et signa les autres, couché sur un matelas étendu par terre ; ce fut ainsi qu'il brava la fierté des Espagnols que Dom Diegue lui avait députés. Montluc ne leur dissimula pas même que ce gouverneur s'était rendu trop tôt pour sa gloire, et que sa crainte avait été beaucoup plus grande que le danger.

Le siège de Seve suivit de près la conquête de Courteville, Montluc s'y rendit après s'être emparé de deux petites villes peu fortifiées, qui se trouvèrent sur son passage. Seve est situé de telle sorte, qu'on ne peut en être le maître que par le secours du hasard et de la fortune ; au dessus de cette ville est une montagne couronnée d'un vaste rocher, dans lequel on avait taillé une église et un hermitage, où l'on n'arrivait qu'avec beaucoup de peine ; on y entrait par-dessus une espèce de table de pierre portative, qui étant ôtée, laissait voir un fossé qu'il était impossible de combler. A vingt pas de cet hermitage, les ennemis

avaient construit un fort, dont les contrescarpes étaient
si hautes, qu'on ne pouvait les aborder sans être vu et exposé à une grêle de coups; il faillait passer à la vue de ces
forts pour gagner Seve.

M. de Brissac s'était fait précéder de Montluc et de
Francisque Bernardin, tous deux maréchaux de camp,
afin de lui marquer les quartiers où camperait l'armée;
mais les ennemis du fort étant venus attaquer Montluc,
il oublia la commission dont on l'avait chargé, et les
combattit. Dom Bernardin le voyant exposé contre des
forces supérieures, ne voulut pas l'abandonner : *Ce n'est
point-là*, dit-il à Montluc, *ce que le général nous a dit de
faire; mais votre péril m'engage avec vous et je ferai aussi
le Gascon,* Bernardin était âgé et couvert d'armes pesantes,
néanmoins il mit pied à terre, prit une pique et se mêla
avec les ennemis; ceux-ci combattirent d'abord avec beaucoup de courage; mais les gascons de Montluc animés par
son exemple, les poussèrent avec tant de rapidité, qu'ils
les contraignirent de reculer en désordre jusque dans le
fort, où ils entrèrent avec eux. L'église fut prise dans le
même moment; ceux-mêmes des ennemis qui logeaient
dans l'hermitage, quoique inaccessible de toutes parts,
prirent l'épouvante; rien n'était plus singulier que de
voir des gens qui pouvaient sans danger attendre une
armée, se sauver devant deux ou trois fois cents hommes.

Cependant le maréchal ne recevant aucune nouvelle de
Montluc et de Francisque Bernardin, avait fait halte avec toute
l'armée; il dépêcha vers Montluc un officier, qui le trouva
sur le haut de la montagne maître du fort, de l'église et
de l'hermitage; un tel succès pouvait excuser Montluc,
mais l'officier ne laissa pas de lui dire le mécontentement
du général, qui ne savait où loger l'armée : *Vous reporterez
à M. le maréchal*, répondit Montluc, *qu'il a mal choisi les
maréchaux de camp; nous voulions loger l'armée dans la
ville, qu'on se dispose à assiéger.* Le maréchal arriva lui-
même peu après : il aimait la discipline et en était exact
observateur; il reprit sévèrement Montluc, lui ordonna de
songer à l'avenir à exécuter simplement les ordres, sans
croire être justifié par des succès; s'il y contrevenait dans

la fuite; il ajouta qu'il s'étonnait qu'un officier aussi expérimenté eût voulu donné un pareil exemple aux troupes. Montluc, surpris de cette réprimande, et la reconnaissant juste, voulut diminuer sa faute en la faisant partager à Francisque Bernardin : *Non, non,* dit le maréchal, *il a voulu faire comme vous, et a bien fait; il ne pouvait marquer les quartiers seul; la tête blanche est trop sage; ce sont là des boutades de Gascogne.*

L'armée, qui s'était tenue jusque-là dans la plaine, fut logée pour cette nuit, la cavalerie dans un vallon, et l'infanterie dans un autre. Le lendemain, la ville, étonnée des avantages remportés la veille, se rendit sans faire aucune résistance. Ce fut à cette expédition que se borna la campagne par rapport à Montluc; il quitta le Piémont pour venir en Gascogne, avec la plus grande partie des gentilhommes qui composaient sa compagnie, la noblesse ne se faisant point alors de peine de servir en qualité de soldat sous un capitaine de réputation. Montluc avait voulu donner une distinction aux siens; il fit couvrir leurs morions de taffetas jaune, de sorte qu'on les reconnaissait partout : ce qui leur augmentait beaucoup le courage, dit Montluc, rien n'animant davantage les hommes que ce qui peut les mettre au-dessus des autres. On ne parlait, ajoutet-il, dans tout le Piémont, que des soldats aux morions jaunes : un seul faisait fuir quatre ennemis. Montluc, qui les commandait, jouissait de la réputation du plus brave et du plus heureux de tous ceux qui portaient les armes.

En arrivant dans sa province, il reçut le prix de ses services, par l'estime particulière dont les plus grands seigneurs l'honorèrent. Les éloges du peuple se joignirent aux leurs, et ce concours flatteur apprit à Montluc qu'un mérite réel et soutenu trouve à la fin sa récompense dans sa propre patrie. Le maréchal de Brissac avait accordé à regret à Montluc de quitter le Piémont; il connaissait les défauts de ce capitaine aussi bien que ses talents ; et à son extrême vivacité près, il trouvait peu d'officiers généraux dans son armée qui lui fussent aussi utiles. Son absence ne pouvait être longue, et le maréchal lui avait déjà envoyé

5

plusieurs exprès pour l'engager à se rendre à l'armée, lorsqu'on apprit la révolte des Siennois.

Ces peuples avaient dessein depuis longtemps de secouer le joug de Côme de Médicis, usurpateur du duché de Toscane, et par là oppresseur de la patrie; l'empereur lui avait donné des troupes pour assurer son nouveau pouvoir et la garnison de Sienne se trouvait toute composée d'Espagnols. Les Siennois, animés par les cardinaux de la faction de France, et par M. de Termes, que cette couronne avait envoyé exprès en ce pays-là, prirent les armes, chassèrent les Espagnols de leur ville, et s'emparèrent de toutes celles qui étaient de sa dépendance. L'Italie s'alarma de cette révolution, qui ne pouvait avoir que de fâcheuses suites. On ne doutait pas que le duc de Toscane, soutenu des forces de l'empereur, ne poussât vivement la guerre contre les Siennois, qui de leur côté seraient défendus par la France avec autant de vivacité.

En effet, ce peuple avait d'abord arboré les étendards de la France sur les murailles, et ils avaient dépêché quelques-uns de leurs principaux habitants pour se soumettre à sa domination. La cour les reçut avec joie, leur fit de grandes promesses, et envoya pour les défendre le maréchal de Strozzi, ennemi personnel de Côme de Médicis. Ce seigneur, brûlant de signaler son courage et sa vengeance aux yeux de sa patrie et contre leur commun oppresseur, se rendit en poste à Sienne, pendant que le maréchal de Brissac faisait filer des troupes sur les terres de cette république.

Strozzi trouva dans Sienne un peuple nombreux et fort riche. Leur soulèvement n'étant que contre des ennemis étrangers, ne leur avait fait commettre aucune de ces fautes qui suivent les émotions populaires. Ils avaient établi un sénat pour juger des affaires générales, des commandants pour les troupes, des magistrats particuliers, un trésor public bien fourni, un grand ordre de police, et enfin tout ce qui constitue une république. Le maréchal de Strozzi assembla la noblesse et les officiers de guerre, présida au nom du roi dans le sénat, et convint avec eux de tout ce qu'il fallait entreprendre pour la défense de Sienne.

La joie d'avoir secoué le joug des Espagnols était si grande dans cette ville, que chacun se prêtait sans peine à tout ce qui était nécessaire pour en assurer la possession. On prévoyait un siège de la part du grand-duc; et afin de n'être point pris au dépourvu, les charriots et les bêtes de charge allaient et venaient sans cesse de la campagne à la ville, pour y apporter des blés, du vin et les autres provisions nécessaires à la subsistance d'un grand peuple. On travaillait aussi aux fortifications, à élargir les fossés, hausser les murailles, nettoyer l'artillerie et mettre tout en ordre. Le grand-duc de Toscane, informé de l'ardeur des Siennois à se mettre en défense, pensa à les attaquer promptement, dans la crainte que le temps dont ils profitaient si bien ne leur donnât les moyens de rendre tous ses efforts inutiles.

Le marquis de Marignan, général de ses troupes, parut en campagne, où il commença à faire le siège des villes dépendantes de Sienne. Strozzi, suivi d'un corps de braves Siennois, sortit pour s'opposer à ses entreprises, et chercha même d'abord l'occasion de le combattre; le marquis de Marignan l'évita, dans le dessein de laisser ralentir la première ardeur des Siennois, et de diminuer le nombre des troupes du maréchal de Strozzi, ce qui tient ce dernier en campagne plus longtemps qu'il n'avait pensé, prévoyant que s'il perdait de vue un aussi grand capitaine que le marquis de Marignan, celui-ci profiterait à son avantage de cette absence pour bloquer Sienne, ou du moins pour la priver de toutes les ressources qu'elle aurait pu tirer du dehors; cela l'engagea à écrire en France, pour qu'on lui envoyât un officier capable de commander dans Sienne, pendant qu'il serait à la tête de l'armée.

Sur cette dépêche, le roi assembla son conseil, l'affaire de Sienne paraissant d'une grande importance. Quoique ce conseil fût composé de plusieurs personnes, les voix du connétable, du duc de Guise et du maréchal de Saint-André, étaient les seules qui fussent comptées. Le roi demanda à ces seigneurs, quel homme ils jugeaient capable de défendre Sienne? Le connétable nomma une de ses créatures, le duc de Guise une autre, le maréchal de Saint-André proposa aussi un de ses partisans. Cette diversité de choix fit balancer Henri : *Ceux que vous citez, leur dit-il, sont capables de ce que je demande d'eux ; mais ils sont trois. Montluc ne conviendrait-il pas mieux pour cette affaire-ci?* Le duc de Guise et le maréchal de Saint-André réunirent aussitôt leurs voix en sa faveur; mais le connétable lui donna hautement l'exclusion, soutenant que la valeur étant son principal mérite, il ne suffisait pas dans une occasion, où il était plus nécessaire de gouverner avec sagesse, que de combattre avec courage : « Enfin, ajouta le connétable, » on peut s'en rapporter au maréchal de Brissac, sous le- » quel il sert, et dont on a reçu des plaintes au sujet de » son extrême vivacité. »

Le roi, prenant en cette occasion les intérêts de Mont-luc, répondit qu'il ne lui était jamais revenu rien de con-traire à l'opinion de sagesse et de conduite qu'il avait conçue de cet officier, ni qu'on lui eût reproché de que-relle particulière. M. de Guise ajouta que Montluc ayant déjà été gouverneur d'Albe et de Montcallier dans le Pié-mont, sous l'autorité du maréchal de Brissac, on devait croire que ce général avait été persuadé de sa prudence et satisfait de sa conduite. Le connétable répliqua qu'au moins restait-t-il un doute là-dessus depuis l'affaire de Sève, où Montluc avait fait souffrir l'armée une nuit entière pour être contrevenu aux ordres de son général. Je rapporte cette contestation en détail, pour donner une idée de l'es-prit qui régnait dans les conseils de ce temps-là; les prin-cipaux de ceux dont il était composé avaient au moins une égale liberté, dont les suites n'étaient point à craindre ; et le roi, qui était instruit par lui-même de ses affaires et du mérite de ceux qui le servaient, était en état de prendre un parti sur les sujets qu'on lui proposait.

On résolut, afin de terminer toute contestation, d'écrire au maréchal de Brissac pour demander son avis sur Mont-luc. La réponse de ce général ne fut pas favorable. Il sou-haitait que Montluc revînt servir sous lui dans le Piémont, et croyait de bonne foi qu'il y serait plus utile que dans Sienne, à cause de l'extrême vivacité de son caractère. Il manda donc au roi que Montluc était un excellent officier pour maintenir la justice et la police dans un camp, faire combattre les soldats, et bien assaillir une ville ; mais qu'il était bizarre, violent, emporté, et tel que ses supérieurs se trouvaient souvent obligés de lui céder; que les Siennois formaient un peuple vif, ami de ses droits, trop près du temps où il les avait recouvrés, pour souffrir qu'on y attentât; qu'ainsi ce serait risquer de les mécontenter et de tout perdre, que de leur envoyer un homme du caractère de Montluc. Le maréchal de Brissac agissait avec tant de sincérité, que dans le même temps que cette lettre arriva à la cour, il écrivit à Montluc en Gascogne, pour l'exhorter à se rendre auprès de lui, et à ne se point charger d'un emploi dont la conduite coûterait trop à son repos et à son tempérament.

Le connétable triompha de la lettre de M. de Brissac, disant que personne ne devait mieux connaître Montluc, qu'un seigneur aussi éclairé : *Eh bien!* dit le roi, *quand tous ceux de mon conseil s'opposeraient au choix que j'ai fait de cet officier, je le confirmerais; mon naturel est d'avoir de la confiance en lui.* Le duc de Guise ajouta en faveur de Montluc, que M. de Brissac semblait se contredire dans la lettre qu'il écrivait à son sujet, puisqu'en lui donnant le mérite de savoir tenir la justice et la police dans les troupes et de les faire combattre, il le jugeait néanmoins incapable d'exécuter une commission où il ne s'agissait que de soutenir un siège et de maintenir le bon ordre dans la ville. Le duc de Guise ajouta que Sa Majesté ayant elle-même choisi Montluc, on devait passer sur les petites considérations des autres. Le maréchal de Saint-André fut du même avis, conseillant néanmoins de faire écrire à Montluc pour l'exhorter à laisser en Gascogne sa promptitude et sa colère.

Le roi se servit en effet de ces mêmes termes, dans une lettre qu'il lui écrivit de sa main, lui promettant à ce prix la continuation d'une bienveillance dont il éprouvait des marques assez avantageuses pour chercher à la conserver. Le courrier trouva Montluc dans sa terre, dangereusement malade; quelque glorieuse que fût la charge dont on l'honorait, ses amis le détournèrent de l'accepter à cause de

l'extrémité où il se voyait réduit : « J'ai commencé, leur
» dit-il, à chercher de trop bonne heure la mort dans les
» combats pour vouloir l'attendre dans mon lit ; je mourrai
» au lit d'honneur, ou en chemin pour m'y rendre.

Montluc se fit donc porter en litière à Toulouse, où un
nouvel accident augmentant le danger de sa maladie, les
médecins le menacèrent d'une mort certaine s'il persistait à continuer sa route ; il partit néanmoins de Toulouse
et arriva à Montpellier. La Faculté de cette ville fut du
même avis que les médecins de Toulouse, et l'on jugea que
son obstination lui coûterait la vie ; mais la fatigue du
voyage qui avait d'abord empiré son mal, lui rendit peu à
peu la santé, et il arriva à Marseille beaucoup moins incommodé qu'il ne l'était en partant de sa maison.

Montluc s'embarqua sur les galères du baron de la
Garde, dont la flotte était alors jointe à celle du roi d'Al-
ger ; les galères étaient chargées d'environ quatre mille
hommes, pour les débarquer au port le plus voisin de
Sienne, d'où elles devaient gagner l'armée du maréchal de
Strozzi ; mais les précautions du marquis de Marignan
empêchèrent l'exécution de ce dessein, et les galères se
virent obligées de prendre terre à Porto-Hercole où
Montluc descendit. De là, il prit le chemin de Sienne où il
entra avec M. de Strozzi.

Cependant les Français et les Allemands qui avaient dé-
barqué avec Montluc, s'avançaient vers Bonconvent, d'où
le maréchal avait été obligé de déloger les Grisons et les
Italiens pour placer ces premières troupes. Le marquis de
Marignan, après avoir fait de vains efforts pour empêcher
la descente des Français, s'approcha de Sienne. Il chercha
d'abord à attaquer les Grisons et les Italiens qui étaient
sortis de Bonconvent ; mais ceux-ci lui étant échappés, il
s'avança jusqu'à Sainte-Bonde, pour enlever la compagnie
de Bartholomé de Pezere, que M. de Strozzi y avait mise
en garnison. Le marquis de Marignan s'était fait suivre
de quatre petites pièces d'artillerie pour forcer avec plus
de facilité les murailles de Sainte-Bonde, et d'un monastère où le capitaine Pezere avait logé une partie de ses
soldats.

Le maréchal de Strozzi était dans ce moment à Sienne où il dînait avec M. de Sansac et Montluc; celui-ci, entendant l'artillerie qui tirait sur Sainte-Bonde, pria M. de Strozzi de le laisser aller au secours du capitaine Pezere, afin, disait-il, de faire connaître aux Siennois quel homme on leur avait donné pour les défendre. Le maréchal Pezere répondit que Pezere soutiendrait avec beaucoup de courage l'effort des ennemis, et qu'il serait temps de lui envoyer du secours après le dîner, s'excusant de ce retardement sur la santé de Montluc, qui se trouvait encore très faible.

Un officier envoyé par Pezere détermina M. de Strozzi; on lui apprit que le marquis de Marignan, animé par la première résistance du capitaine Pezere, avait fait venir de son camp une nouvelle troupe d'Allemands choisis qui pressaient extrêmement cet officier. Il ne fut plus alors possible d'arrêter Montluc, qui voulait partir à pied, mais M. de Sansac l'obligea d'accepter un cheval turc, sur lequel il suivit le maréchal de Strozzi jusqu'à la vue de Bonconvent, d'où l'on découvrait tout le détail de l'attaque et de la défense. Les troupes paraissaient également en désordre de part et d'autre, ce qui fit craindre à Montluc pour le petit nombre. Il demanda donc au maréchal de Strozzi la permission d'aller joindre Pezere, et de se mettre à la tête des Italiens que ce capitaine commandait, ce qui lui fut accordé.

En arrivant parmi ces Italiens, Montluc ne trouva point d'officiers, chaque soldat n'avait pour guide que son courage. Montluc se nomma, courut partout pour rallier ces troupes éparses, il en forma un bataillon régulier, et chargea ensuite les ennemis avec autant d'ordre que de vivacité. Le nombre céda à l'art, les ennemis reculèrent, et Montluc gagna sur eux un coteau chargé de vignes, où leur cavalerie devenait inutile : cet officier s'étant aperçu que plusieurs compagnies italiennes placées sur la hauteur du coteau, semblaient ne prendre aucune part au combat, il les mit dans la nécessité de s'y mêler, en attirant l'escarmouche sur leurs bras; ceux-ci repoussèrent une seconde fois les ennemis, et les chassèrent de deux maisons assez fortes qui étaient placées au bas du coteau, et dont ils tiraient un grand avantage pour se rallier.

Cornelio Bentivoglio, colonel général de l'infanterie siennoise, était à cette escarmouche. Il était resté longtemps sur le haut de la colline, sans vouloir se mêler au combat, dans la crainte d'exposer les forces de la république; voyant les ennemis repoussés, il voulait se retirer; mais Montluc s'y opposa, en disant qu'il ne le pouvait sans risque en présence des ennemis, sans avoir de la cavalerie pour le soutenir. En même temps Montluc s'avança vers elle et vers les Grisons, afin de les prier de se joindre à eux, leur promettant par ce moyen une victoire certaine sur les ennemis. Ces troupes refusèrent d'abord de marcher sans l'ordre exprès du maréchal de Strozzi, qui était alors trop éloigné de l'endroit où l'on combattait pour être en état de le donner assez promptement, Montluc s'adressa à une autre troupe de cavalerie; mais pendant qu'il la sollicitait, Bentivoglio, craignant toujours pour ses soldats, commençait la retraite; ce qui aurait tout perdu, si Montluc ne fût descendu pour l'empêcher de commettre cette faute; il lui fit voir la cavalerie qui venait au galop à son secours.

Bentivoglio s'arrêta une seconde fois malgré ses officiers subalternes, qui voulaient absolument la retraite, il marcha droit à une troupe d'ennemis qu'il mit en fuite, il alla ensuite contre trois compagnies d'Espagnols; ceux-ci se défendirent beaucoup mieux; mais les fuyards de la première troupe étant revenus sur eux, leur communiquèrent leur crainte, et tout se mit en fuite. Montluc, contre sa coutume, n'était point descendu de cheval; il courait dans tous les rangs, animait les soldats, avait l'œil sur chaque troupe, et les tenait toujours à portée de se soutenir les unes les autres. Le marquis de Marignan ayant remarqué Montluc à cheval au milieu de l'infanterie, allant et venant sans cesse, demanda qui il était. Lorsqu'il l'eut appris, ce général ne doutant pas qu'un officier de cette réputation ne fût en état de soutenir ses premiers avantages, commença à faire la retraite, quoiqu'il fût très supérieur en troupes pour le nombre. Il dit même à Montluc,

après la prise de Sienne, que si, au lieu de l'avoir contraint
de se retirer, on eût continué de le poursuivre, la longueur et le désavantage du combat avaient fait tant d'impression sur le reste de son armée, qu'on l'aurait aisément mise en fuite, en se montrant seulement disposé et à
portée de l'attaquer; ainsi la ville de Sienne se serait trouvée
délivrée, et la fortune de Côme de Médicis aussi chance-
lante que la destinée de cette malheureuse ville fut déplorable dans la suite; mais il n'était pas au pouvoir de la
prudence humaine de prévoir la disposition des ennemis,
ni d'entreprendre de la connaître.

Le maréchal de Strozzi avait continué de faire marquer
son camp de l'autre côté de Sienne pendant que Montluc
combattait; et ce général serait rentré dans la ville sans
prendre part à l'escarmouche, si le bruit redoublé de l'artillerie et l'abondance de la fumée qui paraissait sur le
haut des collines, ne lui eût fait craindre pour Montluc, à
cause du petit nombre de troupes qui le suivaient, et aussi
parce que le marquis de Marignan pouvait faire venir à
chaque instant de nouvelles troupes. Strozzi courut donc
au galop pour se mettre à la tête des siennes; mais quand
il arriva, les Florentins étaient déjà en fuite, ce qui lui
causa un chagrin que tout le monde remarqua; il se voyait,
disait-il, privé d'une partie de sa vengeance, qui consistait
à vaincre par lui-même les soldats de son implacable ennemi. On lui présenta deux enseignes du duc de Florence, qu'il considéra avec une joie mêlée de colère, ce
spectacle lui rappelant le souvenir des malheurs de sa
maison.

Montluc rentra avec lui dans Sienne au bruit des acclamations des habitants, dont la plupart avaient été témoins
des actions qu'il avait faites en cette journée. Le maréchal, dont le dessein était de le laisser pour commander
dans la place, fut bien aise de la confiance que les citoyens
et les gens de guerre prenaient en lui; il concourut à
l'augmenter par les témoignages les plus avantageux, et il
alla le lendemain se mettre à la tête de son camp, il était
séparé de celui des ennemis par un champ large d'environ
cent pas. Ce voisinage occasionna bientôt de violentes

escarmouches. Le marquis de Marignan, qui les avait prévues, tenait sur les collines des environs plusieurs petites pièces d'artillerie toujours prêtes à tirer; de sorte que les soldats assurés et soutenus par ce secours, remportaient ordinairement l'avantage dans ces combats. Montluc qui l'apprit, fit représenter au maréchal de Strozzi qu'il ne devait point ainsi exposer la réputation de ses troupes; que rien ne diminuait tant le courage, que des pertes continuelles, et que ces légers combats étant d'ordinaire les préludes d'une grande action, leurs succès influaient beaucoup sur sa fortune.

Le maréchal ne fit attention à la sagesse de cet avis, que plusieurs jours après l'avoir reçu, il vit son infanterie découragée, craindre à chaque instant l'approche des ennemis; sa cavalerie, qui était aussi épouvantée d'avoir vu une multitude de chevaux mis en pièces par les boulets des ennemis jusque dans les rues du camp, osait à peine aller au fourrage. L'esprit de terreur se répandit enfin sur toute l'armée; les Italiens sortaient de leurs tentes à regret, et fuyaient souvent l'ennemi, avant d'être à portée de ses coups, les Allemands et les Français montrèrent à leur tour aussi peu de courage; tout cela désespérait le maréchal de Strozzi. Ce général espérait chaque jour de pouvoir réparer les désavantages de la veille, ou du moins de les faire oublier tous par une victoire signalée. Bien loin de conserver cette espérance, il fallut songer à la retraite, en présence d'un ennemi qu'il avait jusque-là méprisé. La disposition présente de ses troupes demandait que cette démarche se fît avec toutes les précautions possibles.

Le marquis de Marignan, encouragé par ses premiers succès, portait une attention extraordinaire sur tous les mouvements de Strozzi, qu'il se promettait de vaincre avec d'autant plus de facilité, qu'il l'avait déjà réduit à une espèce de fuite. Aussi le maréchal avait-il une peine infinie à s'y résoudre : tantôt il convenait de la nécessité de céder à la fortune; tantôt il voulait essayer de combattre et d'en venir à une action générale. Montluc le détournait de ce dessein autant qu'il lui était possible, lui représentant que des soldats effrayés et déjà vaincus par

la peur, n'étaient point en état de rappeler la victoire ; qu'il
faillait faire une retraite prompte et même pendant la nuit.
Ce dernier article parut surtout insupportable à Strozzi ; il
jura de ne point donner une pareille atteinte à sa gloire,
en paraissant craindre trop son ennemi ; Montluc lui représenta de nouveau que de pareils sentiments pourraient être
excusables dans un particulier chargé de ses seuls intérêts, mais qu'ils ne convenaient point à un homme de
qui les démarches doivent faire le destin d'un État.

Strozzi balança quelques jours ; les remontrances de
Montluc lui semblaient sages ; mais il lui paraissait trop
honteux de fuir dans les ténèbres de la nuit à la face de toute
l'Italie, qui s'attendait à d'éclatants effets de sa vengeance.
Enfin il se détermina à tout risquer, plutôt que d'essuyer
une pareille honte, il le fit dire à Montluc. Celui-ci ne
douta pas du malheureux succès d'une entreprise risquée
contre toutes les règles de la prudence ; mais une passion
particulière l'emporte presque toujours sur l'intérêt général ; en vain Montluc envoya-t-il coup sur coup différents
officiers au maréchal, sa résolution était absolument prise,
et rien ne fut capable de l'en détourner. Cette nouvelle étant
répandue dans Sienne, y causa beaucoup d'inquiétude.
Montluc, sur qui cette grande ville avait les yeux, ne crut
pas devoir dissimuler ce qu'il pensait, il demanda l'assemblée du peuple et du sénat. Le palais et ses cours
furent remplis, chacun brûlant d'apprendre ce qu'un
homme d'une si profonde expérience avait à leur dire sur
la situation de leurs affaires.

Montluc représentait la personne du roi en l'absence du
maréchal de Strozzi, et le sénat en cette qualité lui donna
la première place : « Messieurs, dit-il, vous savez les
» intentions de mon roi sur vous, et les ordres qu'il nous
» a donnés pour votre défense : je remplirai autant qu'il
» sera possible ses vues et vos intérêts ; plut à Dieu qu'avec
» les mêmes intentions, de plus absolus que moi voulus-
» sent se servir des mêmes moyens de vous être utiles.
» M. le maréchal de Strozzi, trahi par le désavantage du ter-
» rain, se trouve obligé de faire retraite ; c'est à regret
» qu'un homme d'un aussi grand courage, et qui a des

» intérêts personnels dans cette guerre, se détermine à une
» pareille démarche ; l'amour de la gloire la lui fait ima-
» giner contraire à sa réputation, et la haine qu'il a sujet
» d'avoir contre son ennemi, ne lui permet pas de prévoir
» que la défaite lui causera bien plus de honte que les
» précautions qu'il prendrait pour l'éviter. Il se hasarde à
» faire voir sa défaite au grand jour, plutôt que d'être
» redevable de sa sûreté à la nuit. Il serait inutile de faire
» de nouvelles tentatives auprès de lui pour l'obliger à
» rompre ce dessein. Il a de fausses raisons et de mau-
» vais conseillers ; dans cet état, un homme prévenu est
» incorrigible ; d'un autre côté, la victoire des ennemis est
» certaine ; c'est seulement contre elle que nous devons
» nous précautionner : regardons M. de Strozzi comme un
» homme perdu, et ne comptons plus que sur les débris de
» son armée, sur la force des murailles qui nous environnent
» et plus encore sur notre courage ; vous vous vantez d'être
» les seuls peuples de l'Italie descendus des anciens
» Romains, imitez leur fermeté en ce qu'elle a de grand, et
» que l'exemple des malheurs qu'ils ont essuyés, vous
» serve à éviter ceux qui vous menacent. Après la ba-
» taille de Cannes, les Romains, qui avaient compté sur la
» victoire, furent si consternés de leur défaite, que les
» portes de Rome restèrent ouvertes pendant trois jours,
» sans qu'il se trouvât, entre tant de citoyens, un seul
» homme assez hardi pour les fermer : défiez-vous d'une
» terreur semblable à celle des Romains ; votre ennemi
» pouvant par l'exemple de leur vainqueur n'avoir pas la
» même négligence qui les sauva ; ainsi regardez le
» maréchal de Strozzi comme vaincu, donnez ordre à la
» garde de vos portes et de vos remparts, prévenez le
» peuple, tenez les troupes sous les armes et prêtes à tout
» événement ; que ceux d'entre les habitants qui ont des
» provisions dans la campagne, se hâtent de les apporter
» dans la ville, amassez avec soin les vivres et les munitions
» nécessaires pour soutenir un long siège : le salut de
» Sienne dépend de ces précautions, et le moyen le plus
» assuré de réparer les suites d'une défaite, c'est de savoir
» la prévoir et la supporter. »

Le Sénat répondit à Montluc, que les Siennois s'en
rapportaient à son expérience, au sujet de ce qu'il y avait
à craindre pour le maréchal de Strozzi; que Dieu pouvait
lui ôter ou lui donner la victoire; mais que s'il la perdait,
la ville de Sienne n'en serait pas moins attachée au roi,
ni moins éprise de sa liberté. En même temps ils jurèrent
tous devant lui de manger jusqu'à leurs enfants, plutôt
que de les rendre esclaves de leurs injustes oppresseurs.
Montluc éprouvait alors l'accablement d'un accès de fièvre;
il le dit aux sénateurs pour augmenter leur attention, pendant que son état l'obligerait à tenir le lit. On n'oublia
rien de tout ce qu'il avait conseillé, et la ville se trouvant
munie, on ferma les portes en attendant l'événement qui
allait se passer entre les deux armées.

Le lendemain on entendit tonner l'artillerie des deux
camps; c'était le signal de la bataille. Tous les citoyens
étaient en alarmes, et Montluc dans son lit, s'agitait
comme s'il se fût trouvé au combat. D'abord il avait cru
que les premiers coups de canon étaient tirés du camp
des ennemis sur la retraite du maréchal, mais la durée
du bruit lui fit comprendre que ce général avait été forcé
d'en venir aux mains. Aucun citoyen ne sortait de la ville,
de sorte qu'on ne pouvait savoir ce qui se passait dans
la campagne; mais après un si grand silence, on aperçut
de dessus les murailles, des troupes d'infanterie et de
cavalerie marcher çà et là dans la plaine, la plus grande
partie s'avançant vers les portes de Sienne. Les gardes les
ayant reconnues pour être de l'armée de M. de Strozzi,
allèrent avertir Montluc qui les reçut dans la place; leur
nombre suffisait à peine pour former la garnison, tant
l'infanterie avait été maltraitée; car la cavalerie, à qui
l'on reprochait de la lâcheté, avait accompagné le général
jusqu'à Montalfin, où il demeura longtemps au lit des
blessures qu'il avait reçues à la bataille.

Strozzi, malgré son danger, était encore plus inquiet que
malade; il voyait une armée perdue et tout un État prêt à
se perdre par sa faute. A peine ce général se trouvait-il la
force d'interroger les officiers qui l'environnaient sur la
destinée des troupes échappées au vainqueur, l'accident

dont il éprouvait les tristes suites lui paraissant d'autant
plus insupportable, qu'on lui avait donné les moyens de
s'en garantir. Enfin, ayant recouvré un peu de force, il
envoya promptement à Rome où était M. de Lanfac en
qualité d'ambassadeur de la cour de France, pour le prier
de venir se jeter dans Sienne, avec ce qu'il pourrait assembler d'officiers les plus expérimentés, il lui mandait la
maladie de Montluc, afin de l'engager à plus de diligence.

M. de Lanfac partit en effet de Rome le jour même, et
vint en poste jusqu'aux environs de Sienne, où, suivant les
ordres du maréchal de Strozzi, il voulut entrer accompagné,
ce qui fut la cause de sa perte. Les ennemis, avertis de son
dessein, l'épièrent et le firent prisonnier presque aux
portes de Sienne, ce qui pensa désespérer les habitants de
cette ville, qui se voyaient sans chefs, Montluc étant chez
lui plus malade que jamais. Il croyait lui-même toucher à
ses derniers jours, et *je crois*, dit-il dans ses mémoires,
que si M. de Lanfac fût arrivé, je serais mort, car je n'au-
rais eu plus rien à faire.

Les principaux sénateurs vinrent chez lui pour y déplo-
rer le sort de leur ville, toute prête à succomber sous les
efforts de leurs ennemis « : Messieurs, dit-il, vous voyez
» mon état, mais je ne vous serai inutile que quand je
» serai mort, et de votre côté ne désespérez de rien jus-
» qu'à ce que vous voyez les brèches faites et l'ennemi dans
» vos murailles; ces gens-là ne sont point encore si près,
» qu'on ait besoin de nos bras : continuons de montrer de
» la fermeté, que vos soldats et vos citoyens paraissent tou-
» jours en armes; il s'aguerriront en se voyant; faites
» achever les travaux extérieurs que nous avons com-
» mencés : le temps qui peut nous nuire peut aussi nous
» aider. » Le conseil de guerre exécuta ponctuellement tout
ce que Montluc avait prescrit, et le courage des Siennois
renaissait avec l'espérance, lorsque les médecins déclarèrent que Montluc n'avait plus que trois jours à vivre.
Alors les prêtres s'emparèrent de son logis, les officiers
et les soldats en furent éloignés et le bruit de sa mort
commença à se répandre dans la ville.

Cornelio Bentivoglio avait la principale autorité dans la république, à cause de sa naissance et de sa capacité dans le métier des armes ; son nom d'ailleurs était fameux parmi les chefs de parti. Il pria le sénat de s'assembler et d'en imposer au peuple par une contenance assurée, jusqu'à ce qu'on eût envoyé à M. de Strozzi pour l'avertir de la situation de M. Montluc et de la disposition du peuple. Cette résolution fut suivie : on répondit que le maréchal, guéri de ses blessures, se préparait à venir combattre le marquis de Marignan, et à délivrer Sienne ; mais le député de cette ville le trouva dans un état bien différent. Ce général était encore très incommodé de ses blessures, sans argent et sans soldats ; cependant voulant, s'il était possible, faire oublier sa défaite à quelque prix que ce fût, il commanda douze ou quinze cents hommes d'infanterie, avec seulement quatre-vingts cavaliers, monta à cheval, se faisant attacher la jambe blessée à l'arçon de la selle, et prit le chemin de Sienne, où il ne voulait arriver que de nuit. Strozzi y envoya devant lui le gentilhomme qui lui avait été député, afin qu'on se disposât à le recevoir, et les troupes de la garnison furent commandées pour passer la nuit sur les remparts.

Tous ces mouvements, ordonnés par différentes personnes, parvinrent à la connaissance du marquis de Marignan. Il sut par des espions les desseins et la route que devait tenir Strozzi, à qui il dressa une embuscade. Le maréchal n'avait pas voulu se faire précéder par des coureurs, dans la crainte d'être découvert ; cette précaution, qui par l'événement l'eût sauvé, aurait pu lui nuire ; il marchait avec beaucoup de sécurité, lorsque après quelques coups d'arquebuses, tirés du dedans d'un amas de masures, il vit toute son infanterie en désordre, se renverser sur dix ou douze chevaux qui l'environnaient. Il appela vainement ses soldats, lui-même fut renversé de cheval, et obligé de se traîner sur les mains jusque sous les débris d'une vieille maison, avec l'évêque de Sienne, qui l'avait voulu accompagner.

Le général et le prélat se tinrent là dans un grand silence, croyant le combat fini ; mais Serillac, neveu de Mont-

luc, qui commandait les quatre-vingts chevaux de la suite
du maréchal, ayant laissé passer l'infanterie effrayée, fit
faire un grand bruit de trompettes, et fondit sur les ennemis qui comptaient leur victoire assurée. Comme ils ne
pouvaient distinguer dans l'obscurité le nombre des chevaux, ils crurent avoir toute une armée en tête ; de sorte
qu'ils se mirent à fuir à leur tour, laissant Serillac maître
du champ de bataille, où il demeura le reste de la nuit observant un grand silence, dans la crainte que les ennemis
ne revinssent à la charge, et ne sachant d'ailleurs s'il devait retourner à Montalsin ou gagner Sienne, M. de Strozzi
se trouvant perdu.

A la pointe du jour, ce général dit à l'évêque de Sienne
de sortir de leur asile et de regarder dans la campagne,
s'il paraissait encore quelques troupes ; le prélat aperçut
Serillac, et le maréchal l'ayant reconnu, ce fut une grande
joie de part et d'autre, d'autant plus que le marquis de
Marignan, croyant Strozzi entré dans Sienne après la
fuite de ses troupes, ne songeait plus à lui fermer le passage de cette ville ; le maréchal y arriva enfin avec l'évêque
et Serillac. Ils descendirent au logis de Montluc, qui depuis
la veille avait recouvré l'usage de la parole. La présence de
Strozzi sembla le ranimer ; le sénat ainsi que le peuple
montrèrent une nouvelle ardeur, et jurèrent de se défendre jusqu'au dernier soupir.

Comme les ennemis ne faisaient encore que resserrer la
ville, et qu'on n'en était point aux mains, le maréchal ne
trouva rien à ajouter à ce que Montluc avait ordonné :
tout était en bon ordre. Strozzi demeura quinze jours à
Sienne, pendant lesquels ses blessures se guérirent entièrement, et Montluc se trouva assez bien pour pouvoir
se faire porter dans les rues de la ville. Alors le maréchal
voyant les citoyens rassurés, songea à regagner Montalsin,
où il avait espérance de rassembler une armée assez forte
pour livrer une seconde bataille et délivrer Sienne, ou du
moins lui donner des secours suffisants pour attendre ceux
que la cour de France lui avait promis. Il eut soin de répandre ces projets dans la ville, afin qu'on eût moins de
regret en le voyant partir. Après avoir eu de longues con-

férences avec Montluc, il sortit de la ville, laissant cet officier chargé seul des soins pénibles d'un des plus longs et des plus fameux sièges qu'on eût soutenus dans l'Europe depuis l'invention du canon.

Peu de jours après la sortie du maréchal de Strozzi, le marquis de Marignan commença à battre les ouvrages avancés de la place. Montluc répondit à son artillerie par toute celle des remparts de la ville dont les environs devinrent alors le théâtre d'une guerre vive et cruelle; chaque jour il y avait quelques nouvelles escarmouches, dont l'avantage était le plus souvent du côté de Montluc; ce gouverneur ayant à cœur, surtout dans ces commencements, de ne rien risquer sans examen, afin d'inspirer de la confiance aux Siennois.

La ville de Sienne était grande et environnée de bonnes murailles. Une forte citadelle la défendait, outre plusieurs forts élevés à la hâte par les habitants et gardés avec soin, qui tenaient l'ennemi éloigné du corps de la place. Le général du grand-duc les attaquait souvent, mais avec peu de vigueur, ce qui fit penser à Montluc que le siège traînerait en longueur, le dessein du marquis de Marignan étant de prendre la ville par famine s'il voyait qu'il eût trop de peine en n'employant que la force. La place était bien fournie de vivres et de munitions de guerre; mais la garnison se trouvait trop nombreuse, et le peuple en trop grande quantité, pour n'avoir pas besoin de prendre à ce sujet des sujets de précautions pour l'avenir. Montluc y songea de bonne heure, et surtout à conserver du pain, dont les Allemands faisaient particulièrement une grande consommation.

Leur pain de munition était fixé à vingt-quatre onces; entreprendre de le diminuer, c'était s'exposer beaucoup avec une nation peu sobre, et toujours indocile sur ce qui regarde ses commodités; il crut donc devoir en parler aux officiers avant de le dire aux soldats, et les ayant mandés : Messieurs, leur dit-il, vous savez l'état de » Sienne, les [desseins du roi sur cette ville, et ce que nous » avons fait pour la conserver; chacun de nous, en s'en- » fermant dans cette place, a dû pressentir tous les dangers

6

» auxquels il s'exposait ; la guerre en a de différentes es-
» pèces ; les combats et les blessures ne sont pas les plus
» difficiles à supporter : la faim est un ennemi bien plus
» cruel, et on ne peut prendre de trop sages mesures pour
» s'en garantir ; montrons-nous véritables soldats, en
» ne nous occupant que de la guerre et en sacrifiant tout
» à l'honneur : sauvons Sienne ; voilà pourquoi nous nous
» sommes enfermés dans ses murailles ; l'ennemi, qui
» n'ose espérer de nous vaincre à force ouverte, tente de
» nous prendre par famine ; résistons-lui de ce côté-là par
» la sobriété, comme nous lui résistons avec les armes ; le
» siège de Sienne sera long, mais il ne sera pas éternel :
» on nous enverra du secours de France ; mais il faut nous
» mettre en état de l'attendre au delà du terme qu'on a
» pris pour l'envoyer, afin de devoir notre salut à nous-
» mêmes plus qu'à personne. Le dessein que j'ai à vous
» proposer pour les troupes, est de réduire le pain à vingt
» onces ; j'ai voulu vous laisser le mérite de faire recevoir
» ce changement à vos soldats ; je ne leur en parlerai
» qu'après vous : que quelques-uns d'entre vous ne m'al-
» lèguent point qu'ils se plaindront ; je suis sûr d'eux,
» l'étant de vous ; jamais depuis que je porte les armes, je
» n'ai vu de mutinerie de soldats, si les officiers ne les ont
» appuyés, ainsi je vous devrai leur docilité, ou vous serez
» responsables de leur révolte : en tous cas, je serai bien
» aise de savoir ce que vous pensez, afin que ceux qui
» préféreront leur ventre à l'honneur, sortent de la ville
» sur-le-champ, et ne gâtent pas les autres. »

Le général des Allemands se trouva présent à ce discours que son interprète lui rendit mot pour mot. Il se
leva, et répondant pour ses soldats, il dit à Montluc en
italien, qu'on avait tort de douter de leur bonne volonté,
et que si jusque-là on les avait soupçonnés de songer trop
à leurs aises, Sienne serait le lieu où ils commenceraient
à faire perdre cette idée. Le général des Allemands tint
parole ; contre l'espérance de Montluc les soldats ne firent
aucun murmure. Le gouverneur avait une opération plus
pénible à achever, c'était de réduire les citoyens, accoutumés aux voluptés des villes délicieuses d'Italie, à se con-

tenter des aliments les plus communs, afin d'être en état
de les conserver longtemps. On voulait pour eux réduire
le pain à quinze onces, la raison de Montluc étant que les
bourgeois travaillaient moins que les gens de guerre, et
que l'on pouvait borner la subsistance des femmes et des
enfants. Il proposa cet arrangement au palais, et les sénateurs furent les premiers à donner l'exemple au peuple.

Par ce moyen, Montluc trouva qu'on pouvait tenir deux
ans dans Sienne; mais les habitants, déjà mécontents de
ce qu'on avait exigé d'eux, s'inquiétèrent de tant de précautions. « Le secours, disaient-ils, était donc bien in-
» certain et bien éloigné; à quoi leur servait de s'être
» mis sous la protection du plus puissant roi de l'Europe,
» s'ils étaient obligés de souffrir de si étranges extrémités,
» et de se défendre avec leurs propres forces; que si l'on
» prévoyait qu'ils seraient obligés de se rendre à des en-
» nemis implacables, on ne devait pas faire précéder
» ce malheur par tant de maux où les allait réduire la di-
» sette. »

Ces murmures causèrent beaucoup de chagrin à Montluc; il craignit que les soldats demeurant la plupart chez
les bourgeois, ceux-ci ne leur inspirassent leur découragement. Il recommanda aux officiers d'avoir attention aux
bruits secrets qui se répandraient entre eux : « Le peuple
» dit-il, est mécontent de ce qu'on fait pour lui-même; les
» précautions qu'on prend pour sa sûreté, lui semblent
» des marques de crainte pour sa perte; les armées ne
» volent point et ne vont point en poste; on doit toujours
» appréhender d'avoir tenu trop peu d'un jour, et rien
» ne doit paraître si honteux, que d'avoir à se reprocher
» la perte, par défaut de courage et de patience. »

Ces discours de Montluc étaient exactement rapportés
aux citoyens avec les circonstances les plus capables de
faire renaître l'espérance du peuple, le plus dangereux
des ennemis que Montluc disait avoir à combattre. Enfin
il vit la tranquillité rétablie dans tous les esprits, et tous
changeant tout à coup d'opinion, jurent de se défendre jusqu'à la dernière extrémité. Montluc, voulant répondre à
cette ardeur, chargea un gentilhomme en présence du sé-

nat, d'aller à Rome parler aux ministres de France, pour
les engager à faire hâter les secours promis, le marquis
de Marignan n'oubliant rien, de son côté, de ce qui pouvait
le rendre maître de Sienne. Montluc ne comptait pas recevoir des nouvelles favorables de Rome ni de la cour
de France. Il savait que le roi se trouvant environné d'ennemis, songerait à triompher d'eux avant de penser à ses
alliés. Ainsi le temps à qui le marquis de Marignon voulait surtout devoir la prise de Sienne, était le principal
des moyens que Montluc voulait employer pour la conservation de cette place.

Cependant Montluc voulant faire voir aux ennemis qu'il
avait assez de force pour risquer de faire des pertes, ne
passa aucun jour sans faire des escarmouches qu'il voyait
de dessus les remparts, sa qualité de gouverneur et la
faiblesse de sa santé ne lui permettant pas de sortir des
murailles. Le marquis de Marignan était de son côté malade de la goutte, et se faisait porter dans une chaise à
bras, à quelque distance des escarmoucheurs.

Un jour que le canon tirait avec furie, ce général voulut
se mettre à couvert derrière les murailles d'une maison
de paysan située au milieu de la campagne ; mais à peine
y fut-il arrivé, qu'une volée de canon venant frapper les
murailles, renversa une partie des ruines sur la chaise
qui le portait et sur lui. Sa frayeur fut si grande, que sans
songer aux douleurs excessives qu'il éprouvait dans les
moindres mouvements, et sans l'aide de personne, il se
tira de dessous les ruines et marcha seul, jusqu'à ce que
ses gens se fussent avancés pour le secourir ; depuis ce
jour le marquis de Marignan se trouva guéri de la goutte.
Il en fit faire des remerciements à Montluc, en le priant
d'accepter deux paniers remplis de vins exquis, du che-
vreau et du gibier. Un trompette chargé de ces présents
parla à Montluc, et lui dit que son maître étant pénétré
d'estime pour sa personne, voulait lui en donner des
marques ; qu'on lui avait appris sa maladie, et qu'il permettait aux médecins de Florence et de Sienne de passer
quand ils le voudraient à travers son champ, pour tout
ce qui serait utile à sa santé. Montluc le remercia, et lui

fit aussi des présent tels que l'état de la ville le permettait; et depuis ce moment, qui était la veille de Noël, il se défia plus que jamais des entreprises du marquis.

En effet, ce général se préparait à profiter de la célébrité de cette grande fête, pour donner un assaut à la citadelle et au fort de Camolia, ne doutant point qu'en divisant les forces des assiégés déjà affaiblis par la surprise, il ne vînt plus aisément à bout de les vaincre. La citadelle était gardée par une compagnie d'Allemands, et une autre de Français, ainsi que le fort de Camolia; ces deux troupes se relevaient tour à tour. Le capitaine Saint-Auban commandait celle des Français qui gardaient le fort. Montluc avait depuis longtemps mauvaise opinion de cet officier, à cause de sa paresse et de son avarice : l'une le tenait dans sa maison dans les occasions les plus importantes; l'autre l'empêchait de compléter sa troupe, où les plus mauvais soldats étaient reçus, pourvu qu'ils se contentassent d'une paye modique; chaque fois que Montluc le voyait descendre ou monter la garde, il avait, disait-il, un pressentiment secret contre cet homme. Un jour le montrant à Cornelio Bentivoglio, et à deux généraux italiens qui l'accompagnaient: *Voyez-vous*, leur dit-il, *le capitaine Saint-Auban, j'ai en idée que le fort se perdra par sa faute et celle de sa compagnie.* On cherchait à éloigner Montluc de cette prévention, si contraire à Saint-Auban; mais la suite fit bien connaître qu'elle était fondée.

Saint-Auban, croyant que ceux qui le protégeaient condamnaient Montluc, en devint plus négligent, et chargeait son lieutenant, jeune homme plein de courage, mais sans expérience, de ce qu'il aurait dû faire lui-même; les soldats, examinés de moins près, observaient peu de discipline, croyant être justifiés par l'exemple de leur chef; ainsi cette compagnie mal conduite était plus nuisible qu'utile à la défense de Sienne.

Le marquis de Marignan était assez exactement instruit de ce qui se passait dans Sienne. Il connaissait de réputation la plupart des officiers, et il savait à peu près la valeur de chaque troupe et les jours de leur service. Il choisit celui où la compagnie de Saint-Auban était dans le

fort, et la nuit même de Noël, il donna l'escalade au fort
et à la citadelle. Heureusement, la plus grande partie de
ses échelles se trouvèrent trop courtes ; trois seulement
furent en état de servir ; et les ennemis s'efforçant à l'envi
de monter les premiers, chargèrent si fort deux de ces
échelles, qu'elles rompirent sous le poids, il n'en resta
qu'une, par le moyen de laquelle six des ennemis parurent sur la muraille en criant *victoire*.

La garnison du fort, sans considérer leur nombre, ouvrit la porte du côté de la ville pour s'y réfugier ; mais les
soldats siennois chargés de les secourir, et plus intéressés
à se défendre, entrèrent tête baissée dans le fort, en même
temps que les fuyards en sortaient, et en rencontrant les
six ennemis qui avaient franchi la muraille, ils les mirent
en pièces. Ce combat, qui se passait entre un si petit
nombre d'ennemis, était cependant accompagné d'un
grand bruit, l'artillerie du camp et de la ville tonnant à la
fois, moins pour nuire par ses coups dans la confusion de
la nuit, que pour épouvanter par son bruit.

Pendant ce temps-là Saint-Auban était dans son lit. On
vint l'avertir de l'attaque du fort et de la fuite de sa compagnie ; il se lève aussitôt, prend ses armes, et court vers
les ennemis, car cet officier ne manquait pas de courage,
Montluc, de son coté, donne ordre au dedans de la ville
pour rompre les intelligences que les ennemis auraient
pu y former, et marche vers le fort, précédé de quatre
pages avec des torches. Tous les chefs des Allemands et
des Siennois venaient se rendre auprès de lui, et il les
envoyait sur le champ vers les ennemis. Il vit le marquis
de Bassompierre commandant de l'artillerie, il le chargea
de faire venir de la poudre à la porte du fort, avec quelques petites pièces d'artillerie aisées à transporter ; ensuite Montluc traversa le reste de la ville en criant *victoire*
et se rendit auprès du fort.

Les ennemis l'occupaient, et les Français, les Allemands
et les Siennois combattaient avec fureur pour le regagner.
Courage, enfants, s'écria Montluc, *je viens vous secourir.*
Le capitaine Charri, son élève dans le métier de la guerre,
Cornelio, quoique le principal officier de la république,

et plusieurs autres combattaient sous ses yeux comme de simples soldats, tirant continuellement sur les ennemis, qui de leur côté faisaient un grand feu. La porte du fort était basse et étroite ; de sorte qu'on n'y pouvait faire entrer qu'un homme à la fois, plusieurs avaient voulu l'entreprendre, et y avaient péri, ce qui diminuait l'ardeur des autres. On ne combattait donc plus qu'à coups de feu, et il ne restait d'autre espérance d'entrer dans le fort, qu'en y sautant de dessus la partie du rempart de la ville qui la touchait. Saint-Auban se présenta alors aux yeux de Montluc : *Ah! traître, méchant,* dit-il, en lui mettant l'épée sur la gorge, *tu as voulu nous faire perdre cette ville ; mais tu ne seras pas témoin de ce malheur, car ou je te tue à l'heure même ou tu sauteras dans le fort.* Ce capitaine, reconnaissant toute la grandeur de sa faute, voulut la réparer par un effort de courage ; il saute dans le fort suivi de ses amis, et se vengeant avec eux du péril qu'ils venaient de courir ensemble, ils firent main basse sur tout ce qu'ils rencontrèrent ; leur exemple animant les soldats, ils sautèrent à l'envi dans le fort, qui fut ainsi regagné en aussi peu de temps qu'il avait été perdu.

Cependant toute la ville était en mouvement ; chaque citoyen avait mis des lumières aux fenêtres et allumé des feux dans les rues ; les remparts étaient aussi bordés de grosses torches, et le marquis de Marignan, sans penser à l'avantage que tant de clarté donnait à ses ennemis, avait aussi fait apporter un grand nombre de flambeaux ; ils ne lui servirent qu'à faire mieux connaître sa perte, et ce général, repoussé de tous côtés, se vit obligé de se retirer à travers une grêle d'arquebuses, que Montluc lui fit tirer jusqu'à ce qu'il l'eût perdu de vue. Les Siennois poussèrent alors mille cris de joie, se voyant délivrés du plus grand danger qu'ils eussent couru depuis le commencement du siège.

Montluc, que ces citoyens comblaient d'éloges, avoua hautement qu'ils étaient principalement redevables de leur salut à la valeur qu'ils avaient témoignée. En effet, non seulement les hommes, mais encore un grand nombre de femmes étaient demeurés sous les armes pendant tout le temps qu'avait duré le combat, sans vouloir prendre aucun repos, et promettant de seconder leurs généreux défenseurs jusqu'au dernier soupir de leur vie ; ce qu'il y eut d'heureux dans une mêlée si longue et si vive, c'est que les assiégés, après avoir fait un grand carnage des ennemis, n'eurent que cinquante hommes tués ou blessés ; mais cette victoire, toute glorieuse qu'elle était, parut peu considérable, quand peu de jours après, on vit la plupart des marchés dépourvus et toutes les boucheries fermées, excepté celle où l'on vendait encore de la viande de cheval ou d'ânon, à un prix excessif.

Les habitants recommencèrent à se plaindre, non par impatience et par dépit, mais par besoin. Les femmes enceintes, dont on a beaucoup de compassion surtout en Italie, paraissaient dans les rues hâves, pâles et défaites, cherchant partout de quoi soulager leurs besoins. Les citoyens se montrèrent extrêmement sensibles à leurs peines. Ils consentaient à souffrir ; mais ils ne pouvaient supporter les maux dont leurs femmes et leurs enfants gémissaient. Montluc, se prêtant à la façon de penser de ces peuples, affectait de manger en public les mêmes aliments qui servaient aux moindres citoyens ; il faisait distribuer aux femmes grosses ou aux malades ce qu'il avait de vins et de mets plus agréables ; et il allait lui-même chaque jour dans les maisons encourager ceux qui s'abandonnaient au chagrin ; il les consolait, leur faisait des présents proportionnés à sa situation, et des promesses convenables à la leur. Par cette conduite, il s'attachait les cœurs des citoyens, et la plus grande partie de ceux qui auraient consenti à se rendre pour eux-mêmes, ne pouvaient le vouloir à cause de lui.

Dans le même temps l'empereur envoya un gentilhomme de sa chambre au marquis de Marignan, pour se plaindre en son nom et en celui du grand-duc de la longueur du siège, lui reprochant que sa coutume était de faire durer la guerre pour être plus longtemps nécessaire. Le marquis répondit avec une hauteur généreuse, que si l'empereur connaissait quelqu'un de plus capable que lui, il pouvait l'employer ; que sa conduite était droite ; et que si les mi-

nistres n'étaient point en état de juger des expéditions
militaires, il devait leur imposer silence, ou faire un
meilleur choix; que l'empereur devait savoir qu'il était
assez ordinaire de voir des gens nés et nourris dans le
cabinet, vouloir décider des progrès des armes, et donner
leur jugement pour loi.

Le gentilhomme de l'empereur, surpris d'entendre un
langage peu connu à la cour de son maître, dit au marquis que jusque-là on n'avait pas cru que la ville de
Sienne fût en état de soutenir trois mois de siège, surtout
avec de l'artillerie. « J'en ai peu, répliqua le marquis, et
» ce sont de petites pièces de campagne; mais quand j'au-
» rais de gros canons, je ferais plus de mal à la ville, sans
» en être plutôt le maître, vous en aurez l'expérience. » Il
le mena aussitôt avec lui reconnaître la ville, lui montrant
les différents travaux que Montluc avait fait faire pour en
défendre les approches; et il lui détailla le bon ordre que
ce gouverneur avait établi parmi les Siennois. L'envoyé
approuva alors la conduite du marquis, en faveur duquel il
écrivit à l'empereur et au grand-duc; mais ils convinrent
ensemble d'augmenter le nombre des batteries, afin de
réduire les assiégés.

On fit donc venir de Florence vingt grosses pièces de
canon avec tout leur attirail, ce qui inquiéta beaucoup les
Siennois, le marquis de Marignan leur faisait connaître
par là qu'il s'obstinait au siège, et que sa longueur l'irri-
tait au lieu de le rebuter; peu de personnes, à l'exception
des gens de guerre, espéraient que leurs murailles résis-
teraient à une artillerie si nombreuse, chacun s'attendait
à les voir s'écrouler, et la ville saccagée par les vainqueurs.
Les citoyens chargés de l'administration de la justice et de
la finance, les marchands, les artisans aisés, enfin tous
ceux des habitants qui avaient beaucoup à perdre, s'assemblèrent entre eux et complotèrent pour composer avec
le marquis. La plus grande partie des dames de la ville,
les moines et les religieuses se joignirent à eux, tous
ensemble formèrent une brigue puissante qui se grossit
chaque jour.

Cornelio Bentivoglio et les autres chefs de la guerre en

avertirent Montluc, et lui promirent d'employer tout leur crédit pour faire changer cette disposition, sans néanmoins espérer de pouvoir réussir. Le peuple était prévenu qu'il fallait périr, surtout voyant que leur gouverneur, sur lequel toute leur espérance était fondée, ne pouvait se rétablir de sa maladie. Enfin le jour destiné pour l'assemblée du sénat arriva, et Montluc fut averti que le parti était pris de composer avec le grand-duc.

L'usage des Siennois dans les délibérations publiques était de laisser à chacun de ceux qui avaient droit d'assister au sénat, la liberté de donner leur avis par écrit, ce qui s'appelait *balotter;* et les précautions étaient prises de telle sorte, qu'on ne savait jamais quelle avait été l'opinion de chacun d'eux. Cependant il était aisé à des gens accoutumés aux usages de la république, de prévenir quel serait le succès des balottages. Cornelio Bentivoglio ne doutait point de ce qui arriverait, et ce seigneur déplorait avec Montluc la triste destinée des Siennois, qui depuis le moment de leur liberté semblaient n'avoir combattu que pour la perdre. Montluc ne répondait rien. Il semblait interdit, et ne savait à quoi se résoudre. Enfin il se résolut à rompre, s'il était possible, l'assemblée qu'on se disposait à tenir, et pour cela de demander à parler au sénat le même jour destiné au balottage.

Montluc l'obtint, mais avant de s'y rendre, il quitta les habits épais et les fourrures dont il était enveloppé à cause de sa maladie, prit des vêtements superbes, se couvrit d'armes dorées, s'orna la tête d'un chapeau chargé de plumes et de pierreries, se colora le visage; et montant à cheval, il se montra ainsi dans les principales rues de la ville. Le peuple accourut en foule pour le voir, s'étonnant du prompt retour de sa santé, que quelques-uns regardaient comme un miracle opéré en faveur de leur ville; quatre pages richement habillés le précédaient, et les officiers français, les plus en état de représenter, lui faisaient cortège, ce qui donnait à sa marche un air de magnificence capable d'en imposer.

Pendant que Montluc frappait ainsi les yeux du peuple, ses amis, répandus à dessein dans les maisons principales, vantaient les projets dont il leur avait fait part pour une vigoureuse résistance, et que le retour de sa santé le mettait en état d'exécuter. Le moindre événement change la disposition de la multitude ; on parla des ennemis avec moins de crainte et de la liberté avec plus d'amour. Le conseil de guerre, assuré d'avoir un chef, se résolut à montrer plus de vigueur contre le reste du sénat, et les militaires se rendirent en foule dans les salles du palais, afin que leur présence et leur nombre ranimât la fermeté des citoyens. Enfin Montluc arriva, la multitude s'ouvrit pour lui faire passage sans le reconnaître, à cause du changement de son air et de ses habits ; on le prit au contraire pour un officier que le maréchal de Strozzi, averti de sa maladie, envoyait pour commander à sa place. Les principaux chefs des troupes le suivirent jusque dans la salle du sénat, où il alla s'asseoir au-dessus du président.

Il arriva au moment nécessaire ; deux sénateurs avaient déjà commencé à opiner, sa présence arrêta les autres : « Messieurs, dit-il, je ne viens point ici pour interrompre » vos délibérations, ni entreprendre sur leur liberté : mon » dessein est au contraire de me joindre à celle de vos » opinions qui vous seront les plus utiles ; mais avant de » les savoir, il me sera permis de vous exposer mes sen- » timents et ce que je pense de votre situation. Depuis que » l'ennemi est à vos portes, je n'ai vu aucun de vous s'é- » tonner de leurs fréquentes attaques ; en vain ont-ils » voulu joindre la surprise à la force, vous les avez vaincus » de toutes les façons ; la seule marche de quelques pièces » d'artillerie fera-t-elle plus que leur présence et leurs » coups ? Que menacent-elles, sinon vos murailles qu'elles » battront sans doute vainement, si vous avez le courage » de les attendre ? Ne seriez-vous pas ces mêmes Siennois, » qui depuis tant d'années avez défendu votre liberté par » les plus sanglants combats ? Pourquoi avez-vous répandu » tant de sang ? A quoi vous servira d'avoir paru les héros » de l'Italie, en chassant de vos États les oppresseurs de » votre liberté ? Était-ce seulement pour en faire regretter » plus amèrement la perte à vos femmes et à vos enfants ? » Cent fois vous avez regardé ce bien comme le plus précieux

» de tous ceux que vous avez hérités de vos pères; et vous
» consentez à le perdre, dans le temps que vous semblez
» l'avoir en votre disposition, et que vous avez la puissance
» de le conserver avec plus de gloire que jamais. Oh ! que
» je regrette de voir tomber au nombre des esclaves du
» grand-duc, le peuple le plus belliqueux de l'Italie, et le
» plus digne de dominer ! Cette brave jeunesse, l'honneur
» de votre ville, qui, sans expérience dans les combats, égale
» les plus vieux soldats en courage et en valeur, va donc
» être dépouillée de ses armes, dont elle fait un usage si
» glorieux ! vous verrez les principaux de vos citoyens
» proscrits, votre sénat aboli, vos magistrats destitués, vos
» lois changées, vos murailles renversées, et votre ville
» entière en proie à des vainqueurs irrités ! Non, Mes-
» sieurs, ce n'est pas de vous-mêmes que vient la réso-
» lution que vous témoignez : serait-ce de la défiance des
» secours promis par le roi mon maître ? A-t-il eu le temps
» de vous l'envoyer ? Un si grand monarque n'aban-
» donnera point un brave peuple à qui il a promis sa
» protection. C'est moi sans doute qui fais le sujet de votre
» crainte, vous m'avez vu jusqu'ici malade, presque hors
» d'état d'agir, cependant n'ai-je pas toujours été en
» action ? La veille de Noël, malgré le froid de la saison,
» l'horreur de la nuit, ma mauvaise santé et la fureur du
» combat, vous m'avez vu les armes à la main parmi les
» ennemis; tant qu'il a été question de combattre pour
» vous, on ne m'a rien vu ménager pour moi; mon roi
» vous a en partie confiés à ma conduite, je lui dois
» compte de votre défense, et je la soutiendrai jusqu'au
» dernier instant de ma vie. J'avouerai que tout autre à
» votre place aurait pu craindre, en l'état où je me suis
» trouvé. On a pu me croire aux portes de la mort, les
» troupes même ont semblé balancer sur ce qu'elles
» devaient faire en cette occasion pour leur salut, mais
» depuis que le ciel a paru vouloir faire sur moi un miracle
» en votre faveur, depuis qu'il m'a rendu subitement la
» santé, les gens de guerre ont repris leur première
» résolution, et ont juré de mourir tous avec moi, s'il
» le fallait, pour la conservation de votre liberté. Citoyens

» de Sienne, aurez-vous moins d'amour pour elle et pour
» votre patrie que des étrangers? Non sans doute, et vous
» attendez seulement à être assurés de nous pour nous
» assurer de vous. Entrez donc, braves capitaines, s'écria
» Montluc aux chefs des troupes qui l'avaient suivi, venez
» à la face du sénat renouveler les serments que vous
» m'avez faits pour le salut de Sienne. Pour moi, ajouta-
» t-il en se levant avec action, j'atteste le ciel de combattre
» jusqu'au dernier soupir pour la liberté de la république,
» et de mourir plutôt que d'entendre jamais à aucune
» composition avec ses ennemis. »

Alors cette foule d'officiers français, allemands et italiens, répétèrent le serment de Montluc, en conjurant le
sénat de confier à leur valeur le salut de la république.
Cette ardeur martiale réchauffa les cœurs des plus crain-
tifs, un murmure d'applaudissements s'éleva tout à coup,
et le premier sénateur prenant la parole : « Je vois bien,
» dit-il, que le destin de Sienne est de se conserver ou
» de périr avec gloire : la coutume veut que les étrangers
» se retirent pendant notre délibération ; mais je la pré-
» vois conforme aux avis que votre zèle et votre courage
» viennent de nous dicter. » Montluc sortit aussitôt de la
salle, saluant tout le monde jusqu'à la porte où se tenait le
peuple qui le croyait alors dans son lit. *Me voici, mes enfants*, leur dit-il, *Dieu m'a donné la santé pour vaincre
vos ennemis ; ne voulez-vous pas me seconder?*

On avait eu soin de répandre un certain nombre de soldats parmi le peuple, ils s'écrièrent tous ensemble : *Vive
le roi! vive Montluc! vive la liberté!* et ils l'environnent ensuite et le conduisirent chez lui avec de grandes clameurs.
Montluc leur fit jeter quelque monnaie, ce qui redoubla
leur zèle, au point que le peuple mutiné menaça d'exter-
miner tous ceux qui parleraient de composition avec les
ennemis ; ces menaces furent bientôt portées dans toutes
les maisons de la ville et jusqu'au sénat.

Ces cris, loin d'y répandre la terreur, y inspirèrent de
la joie. Ambrosio Mitti, capitaine du peuple, homme d'une
expérience consommée, épris de la liberté en républicain
romain, entendant les cris de la multitude, tourna les

yeux et les mains vers les fenêtres du palais : «Est-ce aux
» artisans, dit-il, est-ce aux gens que la fortune a fait
» presque naître esclaves, à montrer plus d'amour pour la
» liberté, que des magistrats, que des nobles qui doivent
» la préférer à la vie même ? » Ensuite il recueillit les voix ;
elles furent toutes pour combattre jusqu'à la dernière
extrémité.

Deux gentilshommes qui avaient opiné avant l'arrivée
de Montluc, voyant cette ardeur unanime, demandèrent en
grâce au sénat que la feuille où leur opinion avait été
écrite fût déchirée du registre, ce qu'on leur accorda
comme une grande grâce. On députa ensuite à Montluc
quatre magistrats pour le remercier d'avoir sauvé l'honneur
de la république, et pour le prier de songer plus que jamais à sa sûreté : on lui accorda à ce sujet une autorité
beaucoup plus étendue que celle que lui donnait son
titre de gouverneur pour le roi. Dès ce moment Montluc
disposa tout pour que rien ne se fît dans la ville qu'avec
ordre et prudence.

Le conseil de guerre était composé de huit personnes les
plus expérimentées dans l'art militaire ; le gouverneur par-
tagea aussi la ville en huit quartiers, et mit dans chacun deux
commandants avec une autorité absolue. Ils étaient seulement obligés de se rendre compte mutuellement tous les
soirs, en présence du gouverneur. Ces huit commandants
avaient le détail de tout ce qui concernait la guerre, chacun
avait la liberté de commettre un homme pour agir en
certaines occasions, et dont ils répondaient. Ces commis
commencèrent par faire un état exact du nombre d'hommes,
d'enfants et de femmes, de leur âge, de la quantité de chevaux et autres bêtes de service, du nombre et du genre
des outils propres à remuer la terre et à construire des
murailles. On divisa ensuite par troupe les hommes, les
femmes et les enfants, leur donnant à chacune un capitaine qui était obligé de répondre des outils, du travail et
des gens de sa troupe ; les hommes robustes portaient les
fardeaux et étaient occupés aux travaux pénibles, les
autres les dirigeaient, les femmes et les moins faibles
d'entre les enfants portaient les outils ; par ce moyen,

tout ce qui respirait dans Sienne devint utile à la défense.

Les trois gonfaloniers de la république firent en même temps la revue de leurs troupes; elles montaient à vingt-quatre enseignes de gens de pied, sans compter un petit corps de cavalerie, dont il n'y eut que les hommes qui purent servir; on avait déjà tué une partie des chevaux, et ce qui en restait était destiné pour la subsistance des assiégés; on visita aussi les mousquets, arquebuses et autres armes; les poudres furent raffinées, les boulets mis à portée de servir, et les cordes des arcs rafraîchies. Ceux des vieux gentilshommes de la ville que l'âge rendait incapable de servir, avaient la charge de piqueurs: la plupart semblaient n'avoir pas la force de soutenir le moindre travail; mais le zèle qu'ils avaient pour leur patrie, les animait à sacrifier un reste de vie pour sa défense; ils se faisaient porter à l'endroit des travaux, et au premier son d'une cloche destinée à cet usage, toute la ville de Sienne se mettait en mouvement; et sur ce que Montluc s'aperçut que l'on continuait à craindre la brèche, il assura que son plus grand désir était que les ennemis voulussent lui donner un assaut, et que s'ils voulaient y consentir, il leur laisserait même la liberté d'entrer dans la ville, bien assuré de délivrer Sienne ce même jour en triomphant de ses ennemis.

Montluc, par cet extérieur de confiance, voulait faire croire aux Siennois qu'il avait des ressources particulières; et en effet, ce gouverneur prenait des mesures si justes, que les assiégeants eussent été vaincus sans ressources, s'ils eussent entrepris de donner l'assaut. Montluc, se fiant peu à la force de la muraille, avait fait élever à quelque distance un épais retranchement, sur le haut duquel étaient placés l'artillerie, l'arquebuse et les gros mousquets; les meilleures compagnies qui composaient la garnison étaient chargées de la garde du retranchement, qui était formé en cintre du côté de la batterie. Le dessein de Montluc était de laisser monter la brèche aux ennemis sans obstacle, de les couvrir ensuite de tout le feu du retranchement, et enfin de tomber sur eux dans le moment du désordre par les deux extrémités du cintre, à coups

d'épées, de haches, de hallebardes et de piques, de sortir
de la ville avec eux, et de profiter de la terreur d'une attaque aussi inattendue, pour renverser leur camp; mais
comme les ennemis, avertis de ces préparatifs, pouvaient
les rendre inutiles en faisant brèche d'un autre côté, Montluc faisait reconnaître toutes les nuits les mouvements des
assiégeants. Voici comment il s'y prenait.

Un officier, un sergent avec un paysan, sortaient tous
les soirs de la place par différents endroits, et se tenaient
cachés dans un grand silence, jusqu'à ce qu'ils entendis-
sent quelque bruit. Alors le paysan se traînait seul, ventre
à terre, le plus près possible, écoutait avec beaucoup d'attention, et venait ensuite faire son rapport au sergent, qui
le disait au capitaine et celui-ci à Montluc : par ce moyen
le marquis de Marignan fut surpris toutes les fois qu'il voulut reconnaître la place ; et Montluc, afin de ne le lui pas
laisser ignorer, illuminait le rempart de grosses torches,
aussitôt que les ennemis s'apprêtaient à travailler à leur
batterie. Ainsi le canon des Toscans, qui avait tant effrayé
les Siennois, fut plusieurs jours devant leur ville sans se
faire entendre ; ils commencèrent à le braver, et ceux qui
avaient craint son bruit, méprisèrent ses coups.

Le marquis de Marignan, choqué de la résistance de Montluc, et ne pouvant deviner comment il pénétrait tous ses
desseins au sujet de la batterie, s'imagina être trahi par
quelqu'un des siens, et ne confia plus son secret à personne.
Un seul endroit par où ce général pouvait attaquer la
ville, avait échappé à la prévoyance de Montluc : c'était une
petite colline, située entre la porte Oüille et la grande ob-
servance, où l'on pouvait sans peine placer l'artillerie, et
battre la ville avec succès. Montluc n'avait pu faire terrasser la muraille de ce côté-là, ne s'imaginant point qu'on
viendrait les attaquer ; d'ailleurs il lui aurait été difficile
de l'entreprendre, parce que les maisons des bourgeois
touchaient presque au rempart, et Montluc n'aurait pas osé
les détruire, la politique ne voulait pas qu'on donnât des
sujets de plaintes à des habitants qui, après tout, étaient
les plus forts.

Le général ennemi avait prévu que Montluc serait re-

tenu par ce motif, et il le voyait avec joie embarrassé à
son tour. Montluc fit cependant travailler de son mieux à
la muraille, plutôt pour tourner l'attention des habitants
de ce côté-là, que dans l'espérance de pouvoir résister longtemps. Les Siennois s'en aperçurent eux-mêmes, et le lui
dirent « : Eh! comment, répondit-il, voulez-vous que je
» fasse? Je sais bien le moyen de rendre cet endroit le
» plus fort de la ville; mais le marquis de Marignan a pré-
» vu que je ne l'employerais pas : il faudrait abattre au
» moins cinquante maisons voisines du rempart, ce serait
» le salut de Sienne; mais irai-je ruiner cinquante parti-
» culiers, et m'attirer leur inimitié? » A peine Montluc
avait-il achevé ces paroles que les maîtres de ces maisons
se sacrifiant pour la patrie, prirent des outils et travaillèrent à les abattre eux-mêmes, excitant les ouvriers par
exemple, à achever un ouvrage qui pouvait contribuer au
salut de leur ville.

Dès le commencement du siège, les dames siennoises
voulant partager la gloire et les périls de la guerre,
s'étaient divisées en trois bandes, qui formaient ensemble
trois mille dames de condition et de riches bourgeoises.
Elles avaient porté l'esprit de galanterie jusque dans l'appareil de guerre. La première troupe conduite par la
signora Forteguerra, était vêtue de violet, leurs jupes
étaient courtes et elles étaient chaussées d'un brodequin
commode pour marcher et agir avec plus de facilité. La
signora Picolomini commandait la seconde compagnie,
habillée de satin incarnat; et la troisième, presque toute
vêtue de satin blanc, obéissait à la signora Linia Fausta.
Chaque compagnie portait une enseigne décorée de tout
ce que le goût peut inventer de plus galant; elles n'avaient
point de tambours, mais seulement des flûtes et des haut-
bois, dont elles accompagnaient l'harmonie, du chant de
plusieurs airs composés à la louange de la France.

Ces trois compagnies vinrent ensemble travailler à
abattre les maisons désignées, et deux jours après le marquis de Marignan trouva que cet endroit de la ville était
devenu le plus fort. Cependant comme ce général avait
placé son artillerie sur la colline, et qu'il fallait enfin l'em-

7

ployer, il commença à tirer sur la muraille, mais sans succès, parce qu'on avait eu le temps de la faire terrasser. Montluc avait néanmoins laissé libre un espace assez considérable, afin que le canon des ennemis y faisant brèche, ils donnassent l'assaut, ce que Montluc désirait avec ardeur : mais voyant que l'artillerie du marquis agissait lentement, et que son dessein était seulement d'étonner la ville, Montluc voulut tenter de démonter sa batterie.

Entre les canoniers Italiens que la ville avait donnés à Bassompierre, commandant d'artillerie, cet officier en avait remarqué un entre autres, qui visait avec une justesse prodigieuse ; il se servait d'ordinaire d'un demi canon aisé à manier, avec lequel il abattait à une portée très éloignée, des objets que d'autres apercevaient à peine. Bassompierre, voyant que Montluc voulait opposer une batterie entière à celle du marquis de Marigan, lui proposa son canonier, comme suffisant avec sa petite pièce pour faire taire le feu des ennemis. En effet, le canonier ayant ajusté tira à droite de la batterie, le second coup à gauche, et enfin dans la batterie même, où tout le monde se mit en fuite.

Montluc charmé de ce succès, qui faisait pousser mille cris de joie aux Siennois alla devant eux embrasser le canonier : *Mon frère*, lui dit-il, *donne-leur en encore, et parbleu je te fais présent de douze écus et d'un verre de vin grec.* Le marquis de Marignan averti du désordre de sa batterie, et de la fuite de ceux qui la gardaient, y envoya une compagnie d'Allemands. Le Canonier Siennois n'eut pas plutôt aperçu l'enseigne de cette troupe, qu'il l'abattit en tuant celui qui la portait. Alors tous les Allemands effrayés de ce coup, prirent la fuite ; et avant que les ennemis fussent revenus de leur étonnement, le Siennois leur démonta six pièces de canons de huit qu'ils avaient mises en batterie. Le marquis désespéré, ordonna aussitôt de reprendre le canon et de le ramener à son camp pendant la nuit ; de sorte que le lendemain à la pointe du jour, Montluc qui ne s'était point couché, aperçut les gabions enlevés et la batterie défaite. Il appela alors les Siennois : *Voyez-vous*, leur dit-il, *l'assaut que vous avez à craindre*

*des ennemis; leur canon a fait un vain bruit, et les voilà
qui l'emmènent.* Il s'éleva de tous côtés des huées de
dessus le rempart contre les troupes du marquis. *Coquins,*
s'écriaient-ils, *venez, venez, nous vous mettrons par terre
à vingt brasses des murailles.*

Le gentilhomme envoyé par l'Empereur, était encore
au camp du marquis lors de cet événement. On assembla
en sa présence un conseil de guerre, où tous résolurent
d'une voix commune de ne plus tenter d'avoir Sienne par
la force, mais seulement par la famine, cette ville étant
trop grande et défendue par une garnison trop nombreuse
pour oser risquer un assaut. Après cette délibération, le
gentilhomme de l'Empereur prit congé du marquis, et
alla rendre à son maître un compte favorable de sa conduite.

Jusque-là Montluc avait à se louer de la fortune, et sans
doute il eût sauvé la ville, s'il n'eût eu à combattre que
les ennemis du dehors; mais les vivres diminuaient chaque
jour, et les Allemands qui avaient d'abord promis de supporter cette disette avec courage, faisaient entendre leurs
murmures. Ils disaient que pour combattre, il ne fallait
que du courage; mais que pour supporter la faim et la
disette de vin, il fallait des vertus qu'ils n'avaient pas.
On les voyait dans la ville pâles et défigurés, traînant à
peine leurs armes, marcher lentement sur les remparts,
et remplir à regret leurs devoirs de soldats. Ils se plai-
gaient aux autres, qui tâchaient de les encourager, et leur
détaillaient leurs peines. Montluc craignant que l'esprit
de murmure ne se répandît sur toute la garnison, résolut
de faire sortir les Allemands de la ville, quelque peine que
cet affaiblissement pût faire aux Siennois.

Les ennemis environnaient de telle sorte la place, et
avaient mis des corps-de-garde si voisins les uns des
autres, qu'il était difficile de faire sortir un grand corps de
troupe, sans s'exposer à avoir toute l'armée sur les bras.
Lorsque les Allemands faisaient attention à ces obstacles,
ils avaient moins d'envie de quitter la ville; mais bientôt le
péril le plus prochain l'emportait sur leur esprit : cependant quand Montluc eut fait part de sa résolution au

Rheingrave qui les commandait, ce seigneur demanda si l'on s'était proposé d'envoyer ses soldats à la boucherie. Montluc lui représenta leurs murmures et le danger qu'il y avait à les laisser augmenter, protestant qu'il aimerait mieux tout à coup livrer bataille aux Allemands dans la ville, que de les y laisser quatre jours de plus.

Le Rheingrave prétendit qu'on manquait à l'humanité en exposant un si grand nombre de braves gens à une perte certaine. Il dit que si on voulait absolument une bataille dans Sienne, il la donnerait; mais qu'on ne le forcerait point de partir avant d'avoir consulté les officiers. Montluc n'en voulait pas venir aux mains. Il laissa la liberté au Rheingrave d'assembler le conseil de guerre avec ceux de sa nation. La plupart de ceux qui étaient les auteurs des murmures, dirent au Rheingrave qu'il valait mieux pour eux mourir les armes à la main, en combattant contre les ennemis, que de mourir de faim et de misère dans Sienne, où l'on ne les souffrait plus qu'à regret. Montluc fit en même temps donner au Rheingrave des lettres du maréchal de Strozzi, qui le priait de faire un effort pour le venir joindre au plutôt à l'armée qu'il assemblait dans le voisinage de Montalfin. Le Rheingrave répéta encore qu'on voulait le faire périr; mais ne pouvant résister aux instances du maréchal, aux raisons de Montluc, ni à l'empressement de ses officiers, il se détermina à partir.

Pendant qu'il disposait ses équipages, Montluc fit fermer exactement toutes les portes de Sienne; et une heure avant dans la nuit, on en ouvrit une par ses ordres. Une troupe de Français sortit la première, culbuta deux corps-de-garde des ennemis, et poussant presque jusqu'à leur camp, donna le temps aux compagnies allemandes de se jeter dans un vallon, située sur la route de Montalsin, où leur dessin était de se rendre. Quand Montluc les crut assez éloignés pour n'avoir plus rien à craindre des ennemis, il fit revenir les Français qui continuaient de combattre avec autant d'avantage que de valeur.

Les Siennois étaient dans une grande inquiétude, au sujet de ce qui se passait au combat, et à la sortie des Allemands, à quoi Montluc contre son ordinaire, ne les

avait pas préparés. Il se retira même dans sa maison, et
y resta tout le lendemain sans leur rien dire, afin de savoir quelle serait la disposition des esprits avant de leur
parler. Sur le soir, il se rendit au Sénat assemblé extraor-
dinairement à ce sujet, et dit qu'on ne devait point trouver étrange s'il avait renvoyé les Allemands, que la garnison étant assez nombreuse sans eux, il y aurait eu peu de
prudence à garder des gens qui murmuraient sans cesse,
et dont les services étaient bien moins utiles, que leur
exemple n'était dangereux : « Pendant quelques mois que
» nous les avons eus parmi nous, ajouta-t-il, ils ont voulu
» faire les maîtres de la cité, et leur consommation a
» excédé celle du reste de la garnison : n'avez-vous pas
» entendu ces nuits dernières, les ennemis crier au pied
» de nos murailles, que nous étions perdus et que nos Al-
» lemands seraient bientôt parmi eux? Quelle confiance
» pouviez-vous avoir à des gens qui avaient des relations
» avec les ennemis? et si vous paraissez étonnés de leur
» départ, ne diront-ils pas que vous vous défendiez seule-
» ment par leur courage? Les Allemands sont braves, je
» l'avoue; mais ces troupes-là sont bien dangereuses, à
» cause de leur indocilité et de leur gourmandise ; je vous
» réponds que nous nous défendrons bien sans eux : les
» grandes escarmouches qui ont été faites pendant ce
» siège, ont toutes été soutenues par vos soldats ou par
» des français : les Allemands jaloux en ont voulu livrer
» une, qu'ils eussent perdue sans le secours des Siennois
» qui allèrent les dégager. Nous autres Français, nous ne
» formons plus qu'un peuple avec vous ; ainsi on dira dé-
» sormais que le salut de Sienne est seulement dû au cou-
» rage de ses généreux habitants. » Le sénat comptait sans
peine que Montluc aurait eu de meilleures raisons encore
à alléguer pour garder les Allemands, si l'on eut pu les
retenir sans risque, mais ne pouvant apporter de remède
à l'accident de leur départ, ils parurent le croire utile.

Montluc n'en resta pas là; ayant sujet de craindre que
les mutins de la ville, ne la soulevassent, dans l'espérance
d'être soutenus par les Allemands il dit ouvertement
qu'on ne pouvait compter sur le secours de la France que

dans trois mois, le roi ayant d'autres guerres importantes
à soutenir; que pour attendre ce terme, il fallait doubler
les travaux des troupes, en donnant aux Siennois deux
nuits de repos sur une de garde, et aux Français seulement une nuit, afin de montrer leur zèle pour le salut de
Sienne; mais que surtout il fallait employer pour sa conservation un moyen fâcheux qu'il osait proposer à peine,
et que néanmoins il fallait suivre; c'était de mettre hors
de la place les bouches inutiles, qui se trouvaient en grand
nombre.

Les sénateurs rejetèrent d'abord cette ouverture, en
disant qu'il fallait au moins périr tous ensemble. *S'ils de-
meurent*, répliqua Montluc, *nous nous perdrons sans doute
avec eux; mais s'ils sortent, nous nous sauverons.* Il fit
alors entendre qu'il sentait toute la dureté de cette action,
mais que l'exemple et la nécessité l'autorisaient : « Ce n'est
» pas pour nous, dit-il, que nous combattons, mais pour
» la liberté de cette république : il faut la conserver à quel-
» que prix que ce soit, sinon pour vous, au moins pour vos
» enfants. » — « Les femmes, les enfants et les vieillards, dit
» un sénateur, sont ceux que l'on veut sacrifier; nous te-
» nons la vie des derniers, les enfants nous la doivent,
» les femmes en font la douceur, pour qui donc combat-
» trons-nous, si nous cessons de combattre pour eux ?
» quels objets peuvent être plus dignes d'attachement et de
» pitié ? La faim ou les ennemis les tueront; pour moi
» j'aurai, s'il le faut, le courage de mourir avec des per-
» sonnes si chères; mais je n'aurai jamais celui de vouloir
» me sauver aux dépens de leurs jours. »

Montluc répondit que ce sentiment d'amour pour ses
concitoyens méritait d'être loué, mais que le véritable intérêt de la patrie ne voulait pas qu'on le suivît. Il ajouta
que le marquis de Marignan étant humain, ne ferait pas
périr les gens qu'on mettrait hors de Sienne, qu'il leur
laisserait la liberté de se retirer dans les lieux voisins, et
que le spectacle de leur misère déterminerait le maréchal
de Strozzi à faire de plus grands efforts pour le secours
de Sienne.

« Ah ! reprit le sénateur qui avait déjà parlé, triste res-

» source que celle qui nous viendrait de ces malheureuses
» victimes : en les voyant, on nous jugera avec raison trop
» près de notre perte pour qu'on croye pouvoir l'empê-
» cher, et je répète avec douleur, le jour de leur sortie
» sera le dernier jour de notre liberté. » Plusieurs sénateurs se joignirent au premier, chacun d'eux craignant
pour sa famille.

Enfin le premier président pria Montluc de vouloir leur
laisser la liberté de délibérer entre eux sur un sujet aussi
important. « Je souhaite, leur dit-il, en se levant, qu'un
» sentiment de tendresse trop écouté ne vous fasse pas
» négliger un conseil dur, mais salutaire ; je vous demande
» pour vous-même le sacrifice d'une partie pour sauver le
» reste, afin de vous garantir du désespoir de voir égor-
» ger à vos yeux ces mêmes personnes que vous ne pou-
» vez vous résoudre à quitter. »

Le Sénat demeura assemblé après le départ de Montluc
et il y eut d'abord beaucoup de trouble ; mais enfin l'avis
de Montluc passa à la pluralité des voix, et le premier
président déclara les larmes aux yeux, qu'il fallait se résoudre à mettre dehors les bouches inutiles ; ensuite il
nomma six commissaires pour en faire une liste exacte,
ce qui augmenta la confusion, personne ne voulant se
charger d'une commission aussi désagréable. On protesta
hautement dans le sénat, qu'aucun de ses membres ne se
résoudrait à proscrire des citoyens, et qu'ils aimaient
mieux sortir de la ville les premiers.

Le président fut obligé d'en revenir au balotage, et
chacun des magistrats ayant son objet, nomma Montluc
pour exécuter lui-même ce cruel avis dont il avait donné
l'idée. Le chef du peuple devait lui être associé, avec les
Gonfaloniers de la république ; mais ils supplièrent le sénat de vouloir bien les délivrer d'un emploi si propre à
les rendre odieux ; et après plusieurs contestations, le
sénat convint de créer Montluc dictateur de la république
pendant un mois, avec une autorité absolue sur tous les
ordres.

Quatre magistrats vinrent lui annoncer le matin sa pro-
motion à cette dignité ; il l'accepta d'abord, montrant

néanmoins beaucoup de sensibilité pour ceux qu'il allait
être obligé de proscrire. Aussitôt la ville de Sienne fut
instruite du malheur dont elle était menacée. D'abord le
peuple témoigna de la fureur; mais les troupes répandues
exprès dans tous les quartiers de la ville, ne leur laissant
point espérer de pouvoir se faire craindre, ils s'aban-
donnèrent à la douleur. Une multitude de vieillards, de
femmes et d'enfants, réunis par leur malheur commun,
allèrent gémir à la porte du sénat; mais les magistrats
s'étaient cachés chez eux, pour ne pas être témoins des
plaintes qu'il ne pouvaient apaiser. La foule alla ensuite
à leur logis, implorant à grands cris leur protection et
leur clémence; et voyant que personne ne leur répondait,
leur douleur redoubla; abandonnés de tous ceux de qui
ils avaient espéré du secours, ils s'embrassaient les uns
les autres en gémissant; les uns se roulaient par terre
avec toutes les marques du plus violent désespoir. Ils parvinrent ainsi jusqu'au logis de Montluc, où ce gouverneur
était occupé à faire la liste de ceux qui devaient sortir,
dont le nombre montait à plus de quatre mille quatre
cents personnes.

Montluc, tout précautionné qu'il était contre des sentiments de compassion, ne put s'empêcher de frémir à la
vue de cette multitude qu'il se voyait contraint de sacrifier. Aussitôt qu'il parut, la foule leva les mains vers lui,
en criant *miséricorde :* on en voyait qui se prosternaient
la face contre terre sur son passage; les femmes lui montraient leurs enfants; de jeunes hommes qui n'avaient rien
à craindre pour eux, réclamaient sa pitié pour leurs pères.
Montluc, environné de tant d'objets si frappants, tenait la
liste fatale dans sa poche, ne pouvant se résoudre à la
montrer. Le Sénat, qu'il avait mandé, refusa de la voir et
répondit que c'était aux guerriers à exécuter les lois de la
guerre. Montluc, gardant auprès de lui une troupe des
plus braves soldats, envoya le reste de la garnison sur les
remparts, avec défense, sous peine de la vie, de laisser
approcher aucun bourgeois des murailles; ensuite il fit
lire la liste.

Chaque nom prononcé excitait des cris lamentables, plusieurs fuyaient dans les maisons, dans les caves et jusque dans les égouts de la ville; mais le soldat intéressé à les chercher, les allait découvrir et les ramenait avec leurs malheureux compagnons. L'heure du départ étant arrivée, Montluc ordonna de fermer les portes et les fenêtres de toutes les maisons, avec défense aux habitants de les ouvrir. Il voulait par là leur dérober une partie de leurs maux; mais les plaintes et les cris perçaient à travers les murailles; plusieurs, malgré les défenses, se faisaient voir sur le haut des maisons, d'où ils faisaient les plus tristes adieux aux malheureux qui s'éloignaient. Ceux-ci, épuisés de larmes, gardaient pour la plupart un morne silence, et marchaient tête baissée; mais étant arrivés à la porte de la ville, leurs pleurs et leurs cris recommencèrent; ils se jetaient à terre, baisant, disaient-ils, la poussière de leur chère patrie. Enfin ils franchirent la porte, qui fut à l'instant refermée sur eux. Cette foule se répandit aussitôt dans la plaine, chacun cherchant une issue pour se sauver; mais le marquis de Marignan, averti de leur sortie, avait fait mettre toute son armée sous les armes pour leur empêcher le passage; et les voyant s'approcher, il fit tirer sur eux, ce qui les repoussa jusqu'aux pieds des remparts de la ville.

Le dessin du marquis de Marignan en les traitant ainsi était d'exciter une révolte dans la ville; mais Montluc ne laissait approcher aucun citoyen des remparts, ainsi ils ignoraient une partie des maux que souffraient leurs malheureux compagnons. Ceux-ci demeurèrent huit jours entiers sur les glacis de la ville, se nourrissant du peu d'herbe que les chevaux n'avaient pu arracher. Les moins faibles d'entre les hommes vinrent à bout de passer à travers le camp des ennemis. Ce qu'il y a de singulier, c'est que Montluc, rendant compte au Sénat de ce qu'il venait de faire, exigeait en quelque sorte qu'on l'applaudît, et acheva son discours en disant : *Dans notre métier, il faut être cruel, et Dieu nous doit miséricorde pour avoir fait tant de maux.*

Le marquis de Marignan jugea bien alors que le siège allait durer longtemps, et que le plus sûr moyen pour

réduire cette ville, était de mettre en œuvre toutes les
ruses possibles; il avait auprès de lui quelques-uns de
ceux qui avaient été bannis de la ville; il gagna l'un d'entr'eux par le moyen duquel il corrompit un des habitants
de la ville nommé Messer Piedro, de l'Ordre du peuple,
homme délié et qui ne manquait pas de crédit. Il déplorait
chaque jour le malheur des citoyens chassés de la ville, et
ne trouvait que trop de personnes qui s'intéressaient à sa
douleur. *Les Français*, disait-il, *veulent acquérir de la
gloire aux dépens de notre vie; au moins devraient-ils nous
laisser la consolation de la perdre avec tout ce que nous
avons de plus cher : le Grand Duc, tout oppresseur qu'il
est, nous eût au moins laissé nos pères, nos femmes et nos
enfants.* Voyant que la multitude approuvait ses sentiments, il crut sa vengeance autorisée et consentit à entreprendre tout ce que le marquis lui prescrivait pour
le rendre maître de la ville. Le moyen le plus assuré était
d'y semer la division, et il était assez aisé de réussir.

Dans la proscription forcée d'une partie des habitants
de la ville, on avait ménagé la noblesse, ce qui avait excité
la jalousie du peuple, dont les forces et les plaintes aug-
mentent à mesure que les malheurs croissent. Le marquis
entreprit d'ameuter le peuple en lui rendant les nobles
suspects, et irriter ceux-ci par le dépit de l'être devenus.
La ville de Sienne était alors partagée en trois ordres : les
anciens nobles, la noblesse nouvelle et le peuple. Il fut
décidé dans le conseil des ennemis que Messer Piedro,
dépositaire du secret, aurait plusieurs blancs signés de la
part des bannis de Sienne, qu'il ferait remplir par un
gentilhomme hors de tout soupçon, mais à qui on indi-
querait un autre noble, qui pourrait être suspect.

La première lettre était conçue en ces termes : Mon-
« sieur, ajouterez-vous foi plus longtemps aux suppo-
» sitions dont le commandant des Français se sert pour
» vous tromper et vos citoyens; vous seul risquez dans le
» péril qui vous menace, une capitulation le sauvera du
» danger; le Roi son maître ne se dispose point à vous
» secourir, envoyez à Rome où résident plusieurs de ses
» ministres, vous connaîtrez sans peine qu'on ne fait dans

» l'Europe aucun mouvement en votre faveur ; le marquis
» de Marignan, touché de votre sort, vous offre par son
» crédit auprès du Grand Duc, des conditions favorables,
» si vous les méritez par une prompte soumission : vous
» pouvez délibérer sur cette proposition avec un gentil-
» homme de vos concitoyens, sur la porte duquel vous
» verrez demain une croix blanche crayonnée, il est de
» l'intelligence. Adieu, faites un bon usage du seul avis
» qui peut vous sauver. »

Le perfide alla mettre cette lettre sous la porte du gentilhomme de Sienne, le plus riche et le plus zélé pour la
République ; et la croix blanche sur celle d'un des nobles,
qui avait parlé de composition dans le commencement du
siège, ne doutant point que ce souvenir ne devînt un
indice favorable à sa trahison. Le lendemain, celui qui
trouva la lettre la porta au Sénat, et sur le champ on alla
arrêter le gentilhomme, sur la porte duquel on aperçut
la croix. En un moment, toute la ville fut en rumeur ; et
cet infortuné, traversant les rues pour aller en prison,
pensa être déchiré par le peuple qui demandait sa mort
à grands cris ; en vain levait-il les mains au ciel protestant
de son innocence, on le croyait coupable, et le Sénat,
malgré sa sagesse, confirma le jour même l'arrêt rendu
par le peuple.

La famille de ce gentilhomme employa tout son crédit
pour le sauver. Le capitaine du peuple sollicité de toutes
parts, consentit à surseoir l'arrêt jusqu'au lendemain, si
on pouvait avoir l'aveu de Montluc. Cette condition les fit
trembler. Montluc, nourri dans les combats, avait toujours
passé pour cruel ; et on ne pouvait douter, après ce qu'il
venait de faire au sujet des bouches inutiles, que ce gouverneur ne sacrifiât avec joie une tête de plus à la conservation d'une ville, dont le salut le comblerait de gloire.
Ainsi les parents du gentilhomme condamné, osaient à
peine lui parler ; cependant, ce fut en lui qu'ils trouvèrent
plus d'humanité et de justice.

Montluc se persuada tout à coup que cette fatale lettre
et les autres détails de la prétendue intelligence, était
une ruse du marquis de Marignan ; et dans cette idée, il

obtint que l'on différerait de cinq à six jours l'exécution du gentilhomme condamné. Mais le soir même, Piedro employa la même trahison pour un autre, et enfin pour un troisième, qui furent aussi arrêtés le lendemain. Leur découverte redoubla les clameurs du peuple, et Montluc, quoique toujours environné d'une garde nombreuse, eut beaucoup de peine à le contenir.

Le gouverneur craignant un soulèvement, se rendit au sénat, et demanda avec assez de hauteur, si on pouvait le soupçonner de quelque intelligence avec les ennemis de Sienne : *Et si cela est impossible*, ajoutat-il, *s'il est vrai aussi que mes conseils vous ont toujours été utiles, pourquoi me reprocher de ne vouloir point répandre le sang de vos concitoyens sans être assuré de leur crime ?* Montluc dit encore (et ce fut pour attirer l'attention du peuple) que dans une occasion où il y avait tant d'obscurité, il fallait implorer le secours du ciel, et faire des processions générales et des prières publiques pendant plusieurs jours, après quoi on agirait comme le sénat le jugerait convenable.

Le clergé fit les préparatifs nécessaires, les églises demeurèrent ouvertes jour et nuit; et le peuple déjà mortifié par des jeûnes involontaires, en fit encore de son gré. Enfin les processions commencèrent, tout le peuple y assista, et ce spectacle de religion servit beaucoup à l'adoucir, ainsi que Montluc l'avait prévu. Les parents des gentilhommes condamnés rejetés de la foule, suivaient tristement les autres en répandant des larmes. Pendant ce temps-là, Montluc faisait d'exactes recherches, surtout pendant la nuit. Il avait aposté pour cela une vingtaine d'hommes qui rôdaient dans toutes les rues de la ville, avec ordre d'examiner tout ce qui se passerait. Il était désolé de ne rien apprendre, et il exhortait toujours les Siennois à la patience, en leur disant qu'il commençait à découvrir quelque chose; sa fortune ou plutôt celle des condamnés le servit.

Un gentilhomme de la ville, qui se retirait chez lui sur le minuit aperçut Messer Piedro, marchant devant lui avec beaucoup de circonspection. Il s'arrêta pour voir ce qu'il ferait, et vit qu'après avoir regardé derrière lui, il essayait d'ouvrir une fenêtre basse de la maison d'un noble, et que n'ayant pu en venir en bout, il fourrait la main sous la porte aussi avant qu'il le pouvait. Le Siennois ayant remarqué cette manœuvre, laissa partir Piédro et se faisant ensuite ouvrir la porte que cet homme venait de quitter, il prit la lettre la porta au capitaine du peuple. Celui-ci se rendit au même instant au logis de Montluc; on redoubla les gardes de toutes parts, et le lendemain à la pointe du jour, Piedro fut arrêté dans son lit.

Ce scélérat nia son crime avec constance; et comme il avait beaucoup d'amis dans la ville, on aurait long-temps été sans conviction certaine, si Montluc ne l'avait pas fait appliquer à la question. Il fut ferme aux premières douleurs; mais la torture ayant redoublé, il se tourna vers le gouverneur et le supplia de la faire cesser, promettant de révéler tout le secret de l'intrigue; il le fit en effet, et son aveu fut sa sentence. Cependant Montluc le fit remettre en prison, ne voulant pas qu'on le fît mourir sans reflexion, à cause du peuple qu'il était nécessaire de ménager. Le gouverneur fit attention, que si après avoir montré tant de ménagement pour les gentils-hommes accusés, on exécutait précipitamment un homme du peuple, on se ferait soupçonner de partialité, ce qui pourrait causer dans la ville la même division qu'on avait pris tant de soins à prévenir; Montluc demanda même avec instance la grâce de Piedro, que le sénat lui accorda, à condition qu'il serait banni à perpétuité des terres de la république.

On avait mis hors des prisons les trois Gentilshommes accusés, et ces nobles montraient un vif ressentiment, aussi bien contre les magistrats que contre le peuple. Montluc les manda chez lui et les pria avec instance d'oublier l'accident qu'ils avaient éprouvé. Ils répondirent que sans lui un injuste supplice aurait été la récompense de leurs services et de leur fidélité; qu'ils devaient la vie à sa seule bonté et ne remercieraient que lui. Montluc insista pour les engager à se rendre au sénat, afin de s'y réconcilier en quelque sorte avec la république; ces nobles le refusèrent longtemps; mais pressés par celui qu'ils regardaient comme leur libérateur, ils allèrent ensemble au Sénat, suivis d'un grand nombre de leurs amis. Les magistrats leur firent un acceuil distingué; et après avoir écouté leurs plaintes sur les soupçons offensants qu'on avait formés contre eux, ils demandèrent qu'on les reconnut innocents par un acte authentique, qui put servir à leur postérité. On leur accorda leur demande; le Président leur adressant la parole, les pria au nom de la république, d'oublier les maux qu'ils avaient soufferts : *La nécessité du temps* leur dit-il, *force la justice; on n'écoute plus que la crainte, votre malheur est l'effet et la suite du malheur public.* Le Président et les principaux sénateurs descendirent ensuite de leurs sièges pour embrasser ces Gentilshommes, et tous se souvenant à la fois du danger de la patrie et de son péril extrême, ne purent retenir leurs larmes.

La tranquilité fut à cet égard rétablie dans Sienne, où Montluc devint plus cher que jamais. Il avait besoin de cette affection, pour que les habitants de Sienne ne lui reprochassent point l'affreuse misère à laquelle ils étaient en proie : de toute la cavalerie, il ne restait plus que huit à douze chevaux, on avait mangé les autres, les chats se vendaient un prix excessif, un rat valait cinq à six livres, et la plupart des bourgeois, hors d'état d'acheter ces sortes de vivres, allaient cueillir l'herbe dans les fossés de la ville, l'avidité de quelques-uns causée par une faim dévorante, la leur faisant brouter dans la même posture que les bêtes.

Enfin après avoir attendu plus d'un mois encore le secours tant de fois promis qui devait venir de France, le sénat pria Montluc de ne pas trouver mauvais si la ville pensait à sauver ce qui lui restait de citoyens, en capitulant avec l'ennemi. Montluc qui ne voyoit plus de moyen pour se défendre, répondit que le sénat ferait ce qu'il jugerait à propos, mais que pour lui et les français, ils n'entendraient jamais à aucune capitulation. Les Siennois ne laissèrent pas d'envoyer au marquis de Marignan, et ce général leur passa des articles assez favorables, mais accompagnés de conditions dont Monluc leur fit appercevoir le danger.

Le marquis ne voyant venir personne de la part de Montluc, le fit prier de lui envoyer deux gentilshommes de confiance, avec qui il pût communiquer de quelque chose d'importance. Montluc lui adressa Cornelio Bentivoglio et le capitaine Charri, à qui le marquis apprit que les Français devaient sortir de la place avec tous les honneurs de la guerre, la pique sur le col à la façon de ce temps-là, enseignes déployées et tambours battants : « Mais » ajouta-t-il, cet article-là demandé pour les troupes Sien- » noises, pourrait ne pas servir aux Francais, qui n'étaient » point à la ville, mais au Roi : qu'afin de ne craindre au- » cune discussion, il faudrait que l'on capitulat de la part » du Roi. Au reste, continua le marquis de Marignan, » M. de Montluc peut s'attendre au meilleur traitement de » ma part; nous sommes l'un et l'autre deux pauvres Gen- » tilshommes, que la guerre à élevés à un degré d'hon- » neur que les plus grands pourraient envier ; cette con- » formité dans notre fortune, doit nous attacher l'un à » l'autre. »

Le capitaine Charri alla rendre compte à Montluc des dispositions du marquis de Marignan; mais il trouva autant de fierté dans le premier, qu'il avait trouvé de condescendance dans l'autre. « Le marquis de Marignan, » dit Montluc, ne doit pas s'attendre à me voir signer une » capitulation : nous autres Gascons, nous nous vantons » de descendre de ces anciens Romains, qui ne se ren- » daient jamais; et s'il me pousse, je sais la façon dont je » sortirai de Sienne. » Charri rapportant cette réponse au marquis, celui-ci s'écria : *Que veut dire celà ? Il me paraît qu'il veut agir en désespéré; autrefois j'ai rendu deux places avec raison, et pour cela je n'ai jamais été blâmé de l'Empereur, et Sa Majesté ne discontinue pas de se servir de moi.*

Bentivoglio prenant la parole, confirma le marquis de Marignan dans l'opinion, que Montluc aimerait mieux mourir les armes à la main, que de signer une capitulation. « Eh bien, reprit le marquis, je vous répète que

» hors le service de l'Empereur et du Duc de Florence, je
» me montrerai l'ami de son honneur, et qu'il sortira de
» Sienne, comme il le jugera le plus convenable pour lui
» et pour moi. » Montluc était sensible à la générosité
d'un procédé si noble : mais avant de témoigner trop de
confiance, il voulait être sûr de l'exécution de toutes les
promesses, surtout de celles qui avaient été faites aux
Siennois. Il se fit donc apporter leur capitulation, et
l'examinant avec soin, il s'aperçut que tous les Siennois
se trouvaient en sûreté, à l'exception des sujets rebelles
des États de l'Empereur, du roi d'Angleterre son fils et
du duc de Florence. « Vous ne voyez donc pas, leur dit
» Montluc, que cette restriction vous perd tous. Le Duc
» de Florence ne vous regarde-t-il pas comme ses sujets?
» par conséquent vous êtes compris dans l'exception du
» traité, et son dessein est de vous envoyer au supplice.

Cette remarque répandit la consternation dans Sienne,
chacun gémissait sur son sort. « Qu'avez-vous à vous
» affliger, disait Montluc, les ennemis sont aussi accablés
» que nous des fatigues de cette guerre, leur nombre n'est
» pas considérable, reprenons les armes, sortons tous
» ensemble, livrons-leur bataille, et sauvons-nous par la
» victoire ou par la mort. » Les Siennois écoutèrent ce
conseil conforme à leur désespoir, tous prennent les
armes, jusqu'aux prêtres et aux religieux, bien résolus
d'aider du moins à la vengeance de la patrie, s'ils ne
peuvent la sauver. Montluc, charmé de cette résolution,
espérait de vaincre des ennemis qui étaient accablés de
fatigues; mais le marquis de Marignan, ayant appris la
cause du bruit qu'il entendait dans Sienne, fit dire au Sénat
qu'on retrancherait de la capitulation l'article qui leur
donnait de l'inquiétude, engageant de nouveau sa parole,
qu'aucun habitant n'aurait sujet de se plaindre. Tout fut
ainsi apaisé au grand chagrin de Montluc, qui souhaitait
ardemment de tenter le hasard d'une bataille, et de terminer un si long siège par une victoire.

Enfin Montluc fut obligé de se résoudre à sortir à la tête
de la garnison française, monté sur son cheval, qui depuis
trois mois s'était nourri de mauves, et qu'il avait orné

d'une housse très riche pour en cacher la maigreur : à quelque distance de la ville, le marquis de Marignan parut, et ces deux généraux s'embrassèrent avec la même affection que s'ils eussent toujours combattu pour les mêmes intérêts. Tous les officiers espagnols et florentins, par ordre de leur chef, vinrent embrasser la botte de Montluc, à qui ils rendirent toutes sortes d'honneurs, tant son courage l'avait rendu célèbre parmi les ennemis. Les simples soldats voyant les Français maigres et décharnés, plaignaient leur infortune, et leur donnaient du pain en passant.

Le marquis ayant accompagné Montluc environ un demi-quart de lieue, prit congé de lui en l'embrassant, et lui donna des provisions et une forte escorte pour le reconduire jusqu'à Montalfin, où les Siennois voulaient établir le siège de leur République. En arrivant dans cette ville, Montluc y trouva le maréchal de Strozzi, désespéré comme lui du malheur de Sienne ; ce seigneur le voyant dénué de tout, emprunta de quoi lui donner pour faire son voyage, et Montluc partit aussitôt pour la France. Ainsi finit le siège de Sienne, un des plus fameux qui aient été soutenus en Europe, après neuf mois et quelques jours de tranchée ouverte. Les Siennois, après avoir montré autant de valeur que de constance, se virent abandonnés et forcés de racheter la vie de quelques citoyens aux dépens de leur liberté.

On attendait Montluc à la cour avec beaucoup d'impatience, pour savoir tous les détails du siège ; il en rendit un compte fidèle au Roi, lui montra un acte par lequel le Sénat reconnaissait que Montluc avait opiniâtrement refusé de mettre le nom de Sa Majesté dans la capitulation en sorte qu'il était sorti de Sienne en vainqueur. Le Roi lut cet acte à diverses reprises, avouant que jamais on n'avait vu d'exemple de ce qui venait d'arriver à Montluc, Le duc de Guise, qui se trouvait présent, appuyait sur toutes les circonstances de son récit et les faisait valoir au Roi. La duchesse de Valentinois le secondait, en disant que Sa Majesté avait lieu d'être contente d'un homme qui avait mieux aimé s'exposer à périr, que de compromettre

8

la gloire de son nom. Elle conseilla même au Roi de garder l'original de l'acte que Montluc avait rapporté de Sienne, comme un monument capable de faire honneur à la nation. On en promit une copie à Montluc, qui ne l'eut jamais, et l'acte fut enfermé dans les archives de la Couronne, parce que madame de Valentinois prétendit alors que celles d'un pauvre gentilhomme étaient trop peu assurées pour un dépôt si singulier.

On avait desservi M. le maréchal de Strozzi à la cour, depuis qu'il était malheureux en Italie. La nation française, ayant plus qu'une autre le défaut de regretter ses bienfaits, on voyait avec peine Strozzi décoré des premières dignités de la Couronne. Le Roi prévenu contre ce seigneur, questionna Montluc à son sujet; mais celui-ci, qui aimait le maréchal, ne répondit rien que de favorable : « Vous autres Rois, dit-il, avez les bras si longs, que vous » atteignez partout, et vous savez tout, quand il plaît à » vos ministres de ne pas vous tromper, M. de Strozzi a » fait ce qu'il a pu, mais il n'a pas été heureux. » On songea ensuite à récompenser Montluc, en joignant les honneurs à la fortune. Le roi lui donna d'abord mille livres de rente, et peu de jours après le collier de son ordre, qui en ce temps-là ne s'accordait qu'aux plus grands seigneurs, distingués d'ailleurs par des exploits militaires. On lui donna aussi en même temps deux places de conseillers au Parlement de Toulouse, qu'il vendit à son profit, et enfin une compagnie d'hommes d'armes, ce qui était la plus haute récompense qu'un gentilhomme put prétendre.

La fortune comblait ainsi tout à coup Montluc de ses faveurs, et ce fut presque les dernières qu'elle lui accorda. A peine eut-il été quelques semaines dans sa maison, que le Roi lui envoya la patente de colonel général de l'infanterie française en Piémont, où le maréchal de Brissac continuait de commander. Il partit sur le champ pour ce pays-là, et trouva le maréchal malade à Turin, qui l'envoya assiéger Vulpian. Le Duc d'Aumale conduisait l'armée en l'absence du maréchal de Brissac; il aimait Montluc et écoutait ses conseils; mais il était trop jeune pour les suivre avec exactitude, et ils pensèrent se perdre l'un et l'autre à ce siége.

Un jour entr'autres, allant ensemble reconnaître la place pour dresser une batterie, les ennemis les aperçurent et tirèrent sur eux avec tant de fureur qu'ils furent contraints de se jeter derrière un gros pilier de pierre, qu'ils trouvèrent vis-à-vis du rempart. Les ennemis continuèrent de tirer, et une multitude de balles donnant contre ce pilier, à peine assez gros pour les couvrir, ils attendirent la mort une heure et demie entière que le feu dura ; ils furent cependant assez heureux pour échapper l'un et l'autre à ce danger, et prirent Vulpian ; mais Montluc, que le fer, le feu et tous les maux qui accompagnent la guerre n'avaient pu accabler, pensa l'être par la malignité des ennemis que son mérite lui avait faits. « *Je n'avais* », dit-il, « *fait de mal à personne ; mais il faudrait être plus que Dieu pour n'avoir pas d'ennemis, surtout à la cour.* »

Le roi prévenu contre lui, l'obligea d'y revenir, et ce prince tout équitable qu'il était, eut besoin d'être sollicité pour lui rendre justice, et se résoudre à l'employer ; mais le duc de Guise l'ayant protégé, on décida que désormais, à cause de la violence d'esprit dont il était accusé, il servirait seul ; l'occasion se présenta bientôt de lui donner un emploi honorable. Le sénat de Sienne réfugié à Montalsin, conservait dans cette ville une forme de république et donnait des lois à quatre ou cinq petites places voisines de celle-ci, qu'on avait érigée en capitale depuis la perte de Sienne. Le roi protecteur de la république avait envoyé M. de Soubise pour y commander en son nom ; mais soit malheur, soit incapacité ou défaut de pouvoir, ce seigneur n'avait fait que des pertes depuis son arrivée. Les Siennois mécontents de lui écrivirent à la cour pour la supplier de leur donner un autre chef ; ils demandaient qu'on leur donnât Montluc, auquel ils avaient déjà obéi.

On leur accorda leur demande, et cet officier partit pour défendre une seconde fois la république ; mais avant d'entrer dans Montalsin, il alla à Rome ; cette ville était alors menacée d'un siège par le duc d'Albe : tout le monde y paraissait si effrayé, que sans lui cette grande ville cou-

rait risque de devenir déserte. « La peur était si grande,
» dit-il, dans cette Rome autrefois si redoutable, qu'on
» avait peine à mettre quatre soldats ensemble : jamais je
» n'eus besoin de tant de patience, que pour inspirer un
» peu de courage à ces descendants des Césars, des Scipions
» et des Fabius. » Il leur fit de longues harangues, les exerça,
leur fit voir quelques soldats français arrivés à Rome sur
le bruit du siège ; mais à la première escarmouche qu'il fit
contre les troupes du duc d'Albe, tous les soldats romains se sauvèrent, répandant la consternation dans leur
ville, où ils vinrent dire que tout était perdu, parce qu'ils
avaient vu quelques-uns des leurs par terre.

Le maréchal de Strozzi était aussi à Rome avec le duc de
Palviano, et tous trois vinrent à bout d'éloigner le duc
d'Albe de cette ville, ce qui fut un grand sujet de joie et de
surprise pour les Romains. Montluc prit alors congé du
pape, et se rendit à Montalsin, que les Siennois bloqués
de toutes parts, étaient sur le point de perdre ; dès le lendemain de son arrivée, il attaqua les ennemis, les délogea
des postes les plus voisins de la ville, et se fit craindre à
son tour pour Sienne où il avait des intelligences. Montluc
possédait un talent extraordinaire pour les expéditions
brusques, et l'état des Siennois n'en donnait que de sem-
blables.

Il avait fait redemander au cardinal de Burgos, lieutenant
général pour l'empereur en l'État de Sienne, les prisonniers français et tous ceux qui soutenaient leur parti ;
mais le cardinal différait sous divers prétextes de faire l'é-
change proposé, ce qui mettait Montluc dans une grande
inquiétude, cause des mauvais traitements dont se plaignaient les Français captifs. On les avait depuis peu envoyés
à Pianze, petite place située entre Sienne et Montalsin,
assez mal fortifiée, et que le cardinal croyait néanmoins à
l'abri de la surprise ; Montluc, averti de la faiblesse de la
place, forma le dessein d'y donner l'escalade, moins pour
l'utilité de sa conquête, que pour tenter la délivrance des
prisonniers.

Les Espagnols, depuis leur arrivée à Pianze, avaient fait
quelques travaux aux murailles, et terrassé en partie celles

qui joignaient les deux portes; mais ils avaient négligé d'achever cet ouvrage : on avait laissé un trou à la première muraille, à l'endroit d'une espèce d'égoût, qui pénétrait sous un bastion jusqu'à l'intérieur de la ville. Ce trou était placé assez bas sur une terre fangeuse, à travers de laquelle il fallait passer pour gagner une seconde muraille fort basse, qu'il était nécessaire de franchir, si l'on voulait entrer dans la ville, et se garantir du feu de la porte et du bastion voisin.

Montluc ayant pris une connaissance exacte de ces circonstances, sortit de Montalsin avec environ huit cents hommes, divisés en trois troupes. Il commandait la première, ayant avec lui plusieurs braves gentilshommes que le roi lui entretenait, douze Suisses de sa garde et leur capitaine. La seconde troupe conduite par le Baron de Clermont, alla se mettre entre Pianze et Florence, afin d'arrêter le secours qui pourrait venir de cette dernière place. Enfin la troisième qui avait pour chef Bartholomé de Pezero, devait feindre une attaque du côté de la ville opposé à celui où combattait Montluc. Ils arrivèrent ensemble une heure avant le jour aux pieds des murailles de Pianze, où les gentilshommes de la suite de Montluc entrèrent d'abord par le trou indiqué. La plupart étaient jeunes et ardents, ils crurent la ville prise, en se voyant dix ou douze dans les murailles; et n'observant plus le silence qui leur avait fait obtenir cet avantage, ils en perdirent le fruit.

Au bruit qu'ils firent, la garnison s'éveilla; les corps-de-garde les plus voisins, se rassemblèrent et vinrent tête baissée contre ces gentilshommes; une partie les tint assiégés dans une maison où ils se réfugièrent, pendant que l'autre se portant au trou de la muraille, repoussèrent ceux qui avaient passé, et en défendirent l'entrée au reste. Cependant Montluc essayait de monter la muraille à l'aide de quelques échelles; mais elles cassèrent à cause de la quantité qui voulaient s'en servir, et en même temps on tira avec tant de furie d'un bastion voisin, que Montluc fut obligé de se retirer quelques pas.

Dans le même moment, le capitaine Bartholomé lui fit

savoir qu'il avait aussi été repoussé de son attaque. Le
soleil commençait à paraître et à montrer les murailles
de Pianze toujours couvertes de soldats : Montluc voyait
ses échelles fracassées, quelques-uns des siens morts ou
blessés, les autres étonnés et désirant la retraite; mais
d'un autre côté il entendait le bruit du combat que rendaient dans la ville les gentilshommes qui y étaient en-
trés. Ce petit nombre s'était barricadé dans une maison,
attendant du secours de Montluc, ou que la première furie des ennemis fût passée pour se rendre. Leur Chef ne
pouvait se résoudre à abandonner de si braves hommes,
dont la perte était certaine; et prenant tout à coup le parti
de périr avec eux, s'ils ne pouvait les sauver avec lui, il
remit ses gens en ordre, et prenant une pique : « Soldats
» dit-il, mourons tous, ou emportons par la force et au
» grand jour ce que nous avons pu avoir par la surprise
» et au milieu des ténèbres, notre mort ou notre victoire
» en sera plus glorieuse. »

Montluc se rapproche de la muraille malgré le feu des
ennemis et s'attachant avec les Suisses de sa garde, à un
endroit qu'on n'avait pas eu le temps de terrasser, il la
démolit avec eux, se servant du fer de leurs piques. Cette
muraille avait un pied et demi d'épaisseur, elle fut bientôt percée ; et Montluc animé à ce travail, passant ses
deux mains par une ouverture, tira la muraille à lui avec
tant de force, qu'il en fit tomber une partie dont il pensa
être écrasé. Les soldats de sa garde l'ayant relevé, il entra
dans la ville à travers le feu des remparts voisins. La plus
grande résistance venait d'un bastion placé près de la
porte, et il était absolument nécessaire de le prendre, si
on ne voulait être exposé à se voir enfermer au milieu de
de la ville entre deux feux, outre que le secours pouvait
venir de Sienne, et profiter de la facilité qu'il y avait d'entrer dans Pianze. Montluc l'attaqua donc, et ayant fait
franchir à quelques soldats, un petit mur qui l'environ-
nait, il entra lui-même dans ce bastion, d'où après une
longue résistance, les ennemis s'en virent chassés ; alors
les troupes de Montluc se répandirent dans la ville, en
criant de toutes leur forces : *France, France*, afin d'être

entendus, et des gentilshommes qui continuaient de se
battre, et des prisonniers qu'une partie de la garnison
gardait.

Les premiers assurés du secours, ouvrirent les portes
de la maison où ils s'étaient tenus enfermés et firent une
vigoureuse sortie ; d'un autre coté les prisonniers au
nombre de cinquante ou soixante, indignés de s'être vus
garrottés comme des criminels, secouèrent leurs liens, et
étant venus à bout de se détacher, désarmèrent leurs
gardes, et se jettèrent de furie sur tous les ennemis qu'ils
rencontrèrent. La garnison se voyant ainsi entre plusieurs feux, recula jusqu'à une place où elle demanda
quartier, ce qui lui fut accordé avec joie par Montluc,
qui se trouvait extrêmement fatigué d'une aussi longue
résistance.

Montluc fit un butin considérable dans cette ville, il
emnena plus de deux cents chevaux de prix, sans compter
beaucoup d'autres qui servirent à remonter une partie
de sa cavalerie ; mais ce qui le flatta le plus dans cette
conquête, fut la délivrance des prisonniers qu'on lui avait
fait attendre depuis longtemps, et pour la vie desquels il
craignait beaucoup dans un pays où l'on connait plus
d'un moyen de se défaire de ses ennemis ; il se hâta de
revenir avec eux à Montalsin, où le sénat l'attendait pour
lui rendre des honneurs tels que le malheureux état de la
république le permettait.

Les cris de joie du peuple le suivirent jusqu'à la porte
du palais, où il entra tout armé, plutôt pour recevoir les
éloges dûs à l'heureux effet de sa bonne conduite, que
pour rendre compte ; ensuite il fit pendre aux voûtes du
palais les enseignes qu'il avait enlevées sur les ennemis ;
elles y restèrent jusqu'à ce que le grand Duc de Florence
devenu maître de Montalsin, les fit ôter. Montluc eut encore quelques avantages, et l'on commençait à espérer
qu'ils reprendrait Sienne, lorsqu'il reçut ordre de revenir en France, où le roi rappelait tout de qu'il avait de
bons généraux, à cause de la perte de la bataille de Saint-
Quentin. Montluc fut donc obligé d'abandonner une seconde fois les Siennois, qui après avoir été les victimes de

l'indifférence des Français pour leurs alliés, le furent ensuite du malheur de leurs armes.

Montluc, de retour en France, servit le duc de Guise aux sièges de Calais et de Thionville, et suivant sa coutume, se signala beaucoup par de grandes escarmouches, dont le général lui laissait toujours le commandement. Le duc de Guise devenu lieutenant général du royaume, cherchait plus que jamais à se faire des créatures ; Montluc, partisan déclaré de sa maison, était particulièrement attaché à sa personne, il le suivait partout, et avouait en toute occasion son affection pour ce prince ; ainsi le duc de Guise travaillait pour lui-même en l'élevant : cela lui valut la charge de colonel général de l'infanterie française, vacante par la disgrâce du seigneur d'Andelot, frère de l'amiral de Coligny, que le roi avait fait emprisonner à cause de ses liaisons avec les Huguenots.

Ce fut en cette qualité, la plus belle après celle de maréchal de France, que Montluc suivit l'armée que le roi alla commander en personne dans la Picardie contre le roi d'Espagne ; il s'y distingua par une grande magnificence, qui étonna ceux qui connaissait son économie. Les expéditions de cette campagne, dont les apparences avaient été si brillantes, se bornèrent au ravitaillement de quelques places importantes ; les deux armées n'ayant fait que s'observer, ne se nuisirent que dans leurs projets ; elles prirent leurs quartiers en même temps.

Le dessin de Montluc était de profiter de ce repos pour aller dans sa province ; mais le duc de Guise qui s'y trouvait ayant besoin de toutes ses créatures, contre les intrigues de la duchesse de Valentinois et de l'amiral de Coligny, l'engagea à demeurer à la Cour, où il fut témoin de la paix qui se fit peu de temps après, et du plus funeste accident qui pût arriver à l'état dans cette circonstance. Le roi fut tué dans un tournoi, et sa mort ayant relevé le courage des protestants, consternés par les supplices récents que plusieurs d'entre eux venaient de subir, elle fut comme le signal des troubles qui désolèrent la France pendant plus d'un siècle. Le connétable fut envoyé à Chantilly par le nouveau roi, aussitôt après son couronnement, et son absence délivra Montluc de la crainte d'un homme puissant qui ne l'aimait pas.

Montmorency le voyait à regret revêtu de la charge de colonel général de l'infanterie, qu'avait possédée d'Andelot son neveu; et il avait menacé de s'en venger, jusques là même que Montluc, ne voulant point se voir persécuté par deux maisons aussi puissantes que celles de Chatillon et de Montmorency, aurait remis la charge au roi, si le duc de Guise ne l'en eût empêché, en l'assurant de nouveau d'une protection sur laquelle on pouvait compter. Cependant Montluc voulant se soustraire pour un temps à la vue de ses ennemis, obtint la permission de se rendre en Guyenne, d'où il promit au duc de Guise de revenir aussitôt que la nécessité de ses affaires le demanderait.

Tout était en trouble dans la Guyenne, à cause du grand nombre de Huguenots, que le roi de Navarre protégeait dans cette province, dont il avait le gouvernement. Ce prince aimait Montluc, et lui donna d'abord une si grande autorité dans la Province, que beaucoup de personnes en furent jalouses. Elles portèrent l'animosité jusqu'à l'accuser d'intelligence avec les ennemis de l'État, lui qui détestait jusqu'au nom de tous ceux qui pouvaient troubler le royaume. La Reine-mère ayant dessin de l'enlever aux Guises, et connaissant d'ailleurs son innocence, le protégea en cette occasion, elle lui envoya même exprès un valet de chambre du roi, pour l'assurer de sa confiance et pour le prier d'avoir une attention particulière sur les affaires de Guyenne, où Sa Majesté reconnaissait qu'au lieu des exactions et des intrigues dont on l'accusait, il faisait régner l'abondance, et retenait les mutins dans le devoir.

Cette justice que la Reine-mère rendait à Montluc, le délivra des inquiétudes que l'animosité de ses ennemis lui avait fait éprouver, et redoubla son zèle pour le repos de la Guyenne, dont peu de temps après on lui donna le commandement, sous l'autorité du roi de Navarre. Ce prince applaudit d'abord au choix de la cour, ainsi que le Prince de Condé son frère, parce qu'ils connaissaient l'attachement de Montluc pour le sang de ses rois; mais voyant que ce Seigneur, seulement occupé de son devoir, refusait ouvertement d'appuyer leurs intérêts, quand ils étaient contraires, ces deux princes commencèrent à se plaindre de lui ; les Huguenots de leur côté qu'il poursuivait avec une espèce de fureur, présentèrent à la cour de grands mémoires contre ses violences.

Il est vrai que Montluc se montrait passionné contre eux, jusque-là qu'un de leurs ministres étant venu de la part des Églises de la Guyenne lui offrir un présent s'il voulait suspendre le cours de ses éxécutions contre eux, il le prit à la gorge : « Eh ! comment ferais-tu, lui dit-il » pour me défendre des catholiques ? — On vous donnera, » lui répondit le ministre, quatre mille hommes bien armés. » — Et d'où sont ces gens là ? s'écria Montluc. — Des » églises, répliqua le ministre. Eh ! quelles diables d'é- » glises, répliqua-t-il avec fureur, que celles qui ont des » soldats et des capitaines ? Sors de devant moi, si tu ne » veux que je te pende moi-même à cette fenêtre ; paillard, » j'en ai étranglé de mes mains une vingtaine plus gens » de bien que toi. » Le ministre effrayé se retira au plutôt.

Montluc fut bientôt regardé comme le persécuteur déclaré du parti Huguenot, ce qui fit tort à sa réputation et même aux intérêts du roi, qui demandaient alors beaucoup de douceur et de ménagement ; mais accoutumé aux expéditions violentes de la guerre, il ne pouvait se prêter au circonspection d'une conduite politique, ni dissimuler son ressentiment ; on ne lui entendait parler des protestants qu'avec imprécation, il regardait même leur nom comme un opprobre, que le rang, la naissance et le crédit ne pouvaient diminuer. Jamais un ministre huguenot ne l'aborda, qu'il ne se vît menacé de recevoir un coup de dague dans le sein ou d'être pendu.

Dans tous les lieux de son passage, il faisait dresser des potences, et marchait toujours suivi de deux bourreaux, ce qui lui fit donner le nom de *Boucher-Royaliste*, sa colère s'étendant non-seulement sur les huguenots, mais encore sur ceux qui ne montraient point assez de zèle pour la cour. Il ne savait point dissimuler à ce sujet, et souvent même son imagination frappée par des rapports exagérés, lui faisait regarder les huguenots *comme gens endiablés contre lesquels*, disait-il, *j'avais résolu de faire du pis que je pourrais*. La cour à sa sollicitation, lui envoya deux maîtres des requêtes pour faire le procès au coupables ; mais les formes de la justice ne convenant point à son humeur impétueuse, il tourmenta de telle sorte les deux magistrats, qu'il les contraignit à se retirer.

Tous les jours Montluc montait à cheval et, suivi de cinquante ou soixante gentilshommes, il courait les villes et les villages, où son passage était toujours marqué par quelques exécutions sanglantes. On lui rapporta que saint Mazard, gentilhomme catholique, avec les consuls de la ville, faisant une réprimande à leurs concitoyens huguenots, leur avaient dit que le roi s'offenserait et les punirait de leurs menées : « Eh de quel roi, répondirent-ils, voulez
» vous nous parler ? Celui que vous entendez est un plai-
» sant petit reyot, nous lui donnerons des verges, et après
» cela on lui apprendra un métier pour gagner sa vie
» comme les autres. » Les consuls se trouvant les plus forts, firent arrêter sur le champ un nommé le Verdier, un Diacre, et deux autres des principaux de ceux qui avaient proféré ces extravagances.

Montluc averti, accourut avec ses bourreaux, et voyant Verdier attaché à un poteau dans le cimetière, il lui sauta à la gorge : *Maraud*, lui dit-il, *as-tu bien osé souiller ta méchante langue contre la majesté de ton roi ?* Ce malheureux levant vers lui les mains qu'il avait liées, « *A h! Monsieur, à tout pécheur miséricorde, je vous la demande.* » — « *Scélérat*, reprit Montluc, *tu demandes miséricorde et tu n'as pas respecté ton roi. Vas !* En même temps il le poussa avec tant de colère, qu'il le renversa sur un morceau de croix cassée. « *Frappe vilain*, » dit-il au bourreau qui avait la hache levée, le coup partit dans l'instant, et on pendit au même lieu ses trois complices. Ce récit est l'histoire entière du crime, du procès et de l'exécution de quatre hommes, pour qui tout ce qu'il y avait de plus considérable dans le parti huguenot, s'intéressa vainement ; six autres huguenots furent aussi pendus deux jours après, ce qui imprima partout la terreur du nom de Montluc.

Il en fit exécuter ainsi quarante en moins de huit jours,
et sur ce qu'on lui rapporta les murmures qu'excitait une
pareille conduite. « Ces gens s'étonnent, dit-il, que je les
» fasse mourir sans aucune forme de procès : n'est-t-il pas
» toujours ainsi fait aux coupables qui attentent à l'auto-
» rité royale? pourquoi chercher des témoins contre des
» gens qui ont toujours le poignard haut ? » Les protestants
agissaient sous main et de tout leur pouvoir, pour le faire
révoquer par la cour; ils répandaient même de grandes
sommes de tous côté pour faire agir les grands ; car on a
remarqué en plusieurs occasions, que les partis les
plus pauvres et en apparence les plus accablés, ont toujours de grandes ressources du côté de l'argent; mais
leurs efforts se virent trompés, et le duc de Guise qui protégeait Montluc plus que jamais, lui fit avoir des lettres
de lieutenant général par le roi, dans la Province de
Guyenne.

Ce fut un coup de foudre pour les protestants, qui se
virent encore plus exposés aux violences d'un homme,
à qui le sang ne coûtait rien à répandre, pas même le
sien; il voulut un jour se battre en pleine assemblée contre
M. de Caumont, de la maison de la force, très accrédité
parmi les huguenots : Montluc avait même tiré sa dague
contre lui; mais on les sépara avec beaucoup de désavantage pour M. de Caumont, qui se trouva très maltraité par
les gentilshommes de la suite de Montluc, à qui les siens
ne pouvaient répondre. Il fit néanmoins en cette occasion
tout ce qu'un homme de qualité brave et offensé devait
faire et le petit nombre d'amis qui l'accompagnaient,
furent obligés de l'emporter hors de la salle, où il voulait
mourir ou se venger.

Montluc n'en demeura pas là : l'iniquité de quelques
commissaires, que la cour avait envoyés pour faire le
procès aux chefs des séditions dans la Guyenne, lui ayant
été prouvée, il les poursuivit partout; et un jour, en plein
tribunal, l'un d'eux voulant lire une sentence que Montluc
trouvait injuste, il lui imposa silence, le magistrat offensé,
voulut continuer malgré-lui; mais Montluc s'étant levé en
jurant, le menaça de le tuer, s'il proférait une seule parole

avant de l'avoir écouté : « *A qui est cette ville ?* » lui demanda Montluc. « *Au roi,* » répondit le juge. — « *Et les habitants ?* — Au roi. — Et l'Église ? — Je n'en sais rien,* » répliqua ce dernier embarassé par une telle question. « *Oh ! je vous l'apprendrai,* » s'écria Montluc en jurant : « *L'Église est au roi, ainsi que tout le reste. Méchant scélérat, je ne sais à quoi tient que je ne te tue de mes propres mains ou que je ne te fasse pendre aux fenêtres de cette maison avec tous ceux qui sont de ton avis.* » En même temps, comme s'il eut voulut exécuter sa menace, il tira son épée à demi du fourreau ; on se jeta sur lui, pendant que les juges effrayés se sauvèrent en désordre, sans oser rien répliquer.

Les amis de Montluc qui savaient que l'intérêt ordinaire de la cour est de soutenir les magistrats, craignaient quelques réprimandes de sa part ; mais le soir du même jour, on reçut au contraire la grâce de ceux que les juges avaient condamnés, ce qui fut suivi de grands éloges sur la fermeté de Montluc, dont le zèle, déjà trop ardent, se trouva encore augmenté par l'approbation de la cour.

Les protestants s'étant inutilement plaint de la rigueur de Montluc, s'irritèrent plus que jamais, et presque toute la Guyenne se vit armée ; les catholiques pour soutenir les ordres de la cour ; et les huguenots pour se venger. Montluc toujours suivi d'un grand nombre de gentilshommes et de quelques vieux soldats, courut çà et là dans cette Province, pour contenir ou pour remettre dans le devoir les villes où les protestants remuaient ; il portait même son attention sur les villes de Languedoc, où la religion réformée prenait chaque jour de nouvelles forces.

On l'avertit à quelques temps de là, qu'un des capitouls de Toulouse, à la tête de plusieurs habitants de cette ville, avait formé un parti pour la livrer aux protestants, et que les mesures étaient si bien prises, qu'à moins d'une extrême diligence, on ne pouvait sauver Toulouse du péril qui la menaçait. Montluc envoya cet avis dans une lettre au premier président du parlement de Toulouse, sans lui recommander le secret ; le magistrat en fit une autre, et la communiqua aux Chambres assemblées, ce qui instruisit les religionnaires de la découverte de leurs complots, et en partie des mesures qu'on pouvait prendre pour les prévenir. Ils se hâtèrent, et Montluc qui s'attendait à les surprendre, apprit qu'ils venaient de se rendre maîtres de la Maison-de-Ville de Toulouse, et de toute l'artillerie de cette ville; le premier président l'en avertit sans cependant espérer qu'il pût venir le secourir.

Montluc éprouva alors combien la diligence est nécessaire dans les plus grands desseins; il avait fait filer cinq ou six compagnies de gens de pied vers Toulouse, qui eurent le temps d'y entrer avant que les huguenots pussent les en empêcher, et quelques heures après ce général y entra lui-même avec de bonnes troupes. Il commença à tout disposer pour chasser les huguenots de l'Hôtel-de-Ville et de tous les postes qu'ils occupaient; mais à peine surent-ils son arrivée, que ne se trouvant pas en état de résister, ils sortirent précipitamment de la ville, emportant avec lui un léger butin à Montauban, où ils se rendirent. Ainsi la ville de Toulouse dut uniquement son salut, à la diligence extrême de Montluc; un gros corps de troupes huguenotes se disposait à y entrer, et y serait parvenu, si le général eut différé de deux heures seulement à s'y rendre le plus fort.

Après avoir satisfait de cette sorte à son devoir, il se livra à sa passion, et voulut être témoin de la recherche et du supplice des coupables; lui même animant de son zèle l'esprit du Parlement, se donna les plus grands soins pour les découvrir. On ne vit pendant plusieurs jours à Toulouse, que des échafauds dressés et des têtes voler. Le peuple de cette ville naturellement ennemi des huguenots, les découvrait dans les endroits les plus cachés, et saccageait leurs maisons après s'être rendu maître de leurs personnes; il fallut même employer la force pour modérer cette ardeur, que l'attrait du butin augmentait encore. Les supplices ayant cessé, tout entra dans l'ordre et la soumission.

Après avoir sauvé Toulouse, Montluc secourut encore plusieurs villes considérables, où sa diligence détourna la plus grande partie des desseins des huguenots, ce qui augmenta leur haine contre lui : sans s'inquiéter de leurs ressentiments, ni de leurs complots contre lui, il retourna à Bordeaux, où les religionnaires avaient un parti considérable : on n'osait, avant son arrivée, entreprendre rien contre eux, mais sa présence inspira du courage aux plus faibles, et le parti catholique se conserva le plus fort.

L'autorité que Montluc s'était acquise dans la Guyenne, donna de la jalousie au roi de Navarre, qui en était gouverneur. Les défiances de la cour le tenaient éloigné des affaires; et l'objet du gouvernement était de diminuer son crédit dans la Guyenne, où l'on craignait que ce prince ne soutînt les huguenots à cause du prince de Condé son frère. Le roi de Navarre n'avait d'abord témoigné aucun mécontentement de la 'part de Montluc; mais la reine son épouse, solicitée par les amis du prince, lui inspira de se plaindre, et écrivit elle-même à Montluc, qu'il suspendît ses entreprises, s'il ne voulait point s'attirer le ressentiment du roi son mari, et la disgrâce de la cour, qui l'avait chargé personnellement de la pacification de la Guyenne.

Cette lettre embarrassa Montluc, qui aurait bien voulu ne point mécontenter deux personnes aussi puissantes que le roi et la reine de Navarre, et remplir en même temps ce que le véritable intérêt de l'État l'exigeait de lui. Il écrivit à cette princesse, qu'il aurait toujours un profond respect pour sa personne et pour ses ordres, et qu'il lui opposait même à regret les plus humbles représentations; mais que le bien de la province l'exigeant, il se croirait suffisamment excusé auprès d'une princesse aussi équitable. Il ajoutait, que les huguenots, abusant du désir qu'avait la cour de terminer ces troubles, ne pensaient qu'à gagner du temps pour se mettre plus en état de les augmenter; qu'actuellement ils menaçaient Bordeaux, et que si on ne se hâtait, cette capitale de la Guyenne tomberait en leur pouvoir, ce qui le forçait à négliger pour cette fois seulement, l'exécution de ses ordres, et de courir où le danger l'appelait.

En effet, sans attendre que la reine lui fît réponse, il marcha droit à un camp volant des huguenots, les battit après une longue résistance, et Montluc victorieux, fit

prendre en cette occasion plus de cent cinquante personnes : «On voyait bien aux arbres, dit-il dans ses mé-
» moires, les lieux par où j'avais passé, à la multitude des
» pendus, aussi m'appelait-on plus que jamais bourreau
et tyran, jusqu'à la reine de Navarre elle-même, qui ne
» pouvait entendre mon nom sans frémir; mais c'était
» une nécessité du temps : un seul pendu faisait plus de
» peur aux huguenots, que cents tués sur le champ de bataille. »

Montluc indisposa bien du monde contre lui par une
conduite si rigoureuse ; on lui suscita des traverses du
côté de la cour, où les grands tôt ou tard donnent la loi ;
ce qu'on avait d'abord nommé zèle et sévérité utile, fut
regardé comme une rigueur de partialité ; et les huguenots donnant une mauvaise interprétation à son désintéressement, dirent qu'il se vengeait seulement de ce
qu'on ne lui avait pas assez offert. On lui reprocha surtout, d'avoir fait pendre un capitaine nommé Héraud,
vaillant homme, qui autrefois avait servi sous lui avec
beaucoup de distinction. Il s'était battu dans la dernière
occasion avec une bravoure si singulière, que tout le
monde désirait qu'on lui sauvât la vie ; plusieurs gentilshommes de la compagnie de Montluc lui demandèrent la
grâce de ce vaillant homme avec beaucoup d'instance ;
mais la réputation de sa bravoure extraordinaire fut ce
qui le perdit. « Je le connais, dit Montluc, il a servi sous
» moi, il vaut mieux seul que cents autres chefs des hu-
» guenots, il est capable de nous arrêter à chaque village,
» et de donner courage à son parti. »

Ce malheureux gentilhomme qui avait affronté la mort
vingts ans dans les combats, se vit garrotté au milieu
d'une foule de paysans et de soldats, et pendu avec eux,
sans que le souvenir de sa valeur et de sa gloire passée
eût pu le sauver de cette mort ignominieuse. Montluc
s'inquiéta peu d'abord des reproches qu'on lui fit à ce
sujet. Il croyait que le motif qui l'animait, devait excuser
toutes ses actions, et qu'on jugerait de leur mérite par
leur succès. Il n'était pas au pouvoir d'un seul homme de
terminer une guerre de cette nature ; il en soutint le poids

en partie, mais on lui sut mauvais gré de la façon de le porter.

Il ne pouvait cependant se corriger de son humeur sanguinaire. *J'aimais miéux* dit-il *jouer des couteaux, que d'attendre et de haranguer.* Pendant un temps, ce seigneur domina dans la Guyenne avec une espèce de despotisme, comblant de morts les puits des villes, qui tombaient sous son pouvoir. *On touchait,* dit-il lui même *les corps avec la main, tant les puits étaient comblés dans les villes rebelles dont je m'emparais.* La bataille de Ver qu'il gagna quelque temps après sous les ordres de M. de Burie, à peu près dans le temps de la bataille de Dreux, diminua un peu l'aigreur des esprits à son sujet, à cause que le duc de Guise devenu le plus puissant par sa victoire et par la prison du connétable, eut un soin particulier de le défendre contre ses ennemis ; jusque-là qu'il brusqua en pleine assemblée M. de Caumont, qui se plaignait hautement et avec aigreur des violences de Montluc.

Un des amis de ce dernier voulut aussi prendre son parti ; mais M. de Guise le pria de lui laisser ce soin : *Croyez-vous,* lui dit-il, *que je n'ai pas assez de fermeté pour défendre mes amis, et surtout un aussi homme de bien que M. de Montluc.* Toute la cour qui adorait la faveur du duc de Guise, se tut aussitôt sur le chapitre de celui qu'il protégeait, et les clameurs de ses ennemis ne recommencèrent qu'après la mort de ce grand homme, qui fut assassiné peu de temps après devant Orléans. On commençait dès lors à proposer une ligue de catholiques contre les protestants, et la plupart des grands de la cour, plus frappés de l'objet que des suites de cette ligue, y applaudirent d'abord ; mais les plus sages, et en particulier Montluc, s'y opposèrent.

Lorsque le roi vint visiter la Guyenne avec la reinemère, il prit la liberté de leur faire des représentations sur le danger d'une confédération semblable à celle dont on leur donnait l'idée : « Vous êtes catholique, dit-il au » roi, nous vous devons tous obéissance, qu'est-il besoin » de nouveaux serments ? Si quelqu'un vous manque de » soumission, jurons tous de lui rompre la tête, et voilà

9

» toute la confédération qu'il faut. » Cependant on ne laissa
pas de faire une nouvelle association du roi avec les
princes, les grands officiers de la couronne, et avec tous
ceux qui étaient chargés de quelque administration importante. Le roi voulut que Montluc signât avec les autres ;
il se trouva ainsi mêlé avec les premières têtes de l'État :
Avantage dit-il *qui était le fruit de sa valeur et de sa fidélité,* un grand nombre de gentilshommes d'une naissance
égale à la sienne, étant à peine connus à la même cour,
où il tenait un des premiers rangs.

Cette confédération ou ligue royale, se fit pendant un
intervalle de paix, sur laquelle la reine-mère comptait
avec trop d'assurance ; les huguenots qui n'avaient aucune
confiance aux promesses qu'on leur avait faites, commencèrent à remuer aussitôt qu'ils le purent avec avantage et sans manquer aux bienséances. Montluc s'aperçut
des premiers mouvements qu'ils firent dans la Guyenne
et en avertit la cour, afin qu'elle pourvût à la sureté des
provinces voisines, car il répondait de maintenir la
sienne ; mais on ne fit pas d'abord assez d'attention à ses
avis, que quelques-uns traitèrent même de terreur panique. Il s'en offensa, et envoya divers courriers chargés
de représentations pour la reine-mère, et de menaces
contre ceux qui empêchaient cette princesse d'ajouter
foi à ses conseils. Montluc y prenait d'autant plus d'intérêt, qu'il semblait que la guerre, surtout en Guyenne,
ne menaçait que lui seul.

Chaque jour on tâchait de l'intimider, en lui révélant
de nouvelles conspirations contre sa vie. Un jour qu'il
commençait à douter lui-même de la vérité des avis qu'on
lui donnait, on lui envoya une lettre qui contenait seulement ces mots : « *Le roi pris, la reine morte, la Rochelle*
» *prise, Montauban pris, Bergerac pris, Lectoure pris, Mont-*
» *luc mort du vingt-huitième au trentième de décembre.* » Il
entra dans une grande colère à la lecture de ce billet,
dont il envoya la copie à la reine-mère, comme un nouvel
indice des mauvais desseins que tramaient les huguenots,
contre lesquels ce seigneur commença à prendre ses précautions. Leur premier dessein était de s'emparer de Lec-

toure, place forte du côté d'Allemagne ; Montluc s'y
rendit suivi de trente chevaux seulement, il chassa le
Sénéchal d'Armagnac qui était de la conspiration, et se
trouva le plus fort dans la place, malgré les efforts de ce
dernier qui voyait à regret sa fidélité soupçonnée, sans
avoir pu retirer le fruit de sa perfidie.

Cependant Montluc ne doutant pas que la guerre ne
devînt plus vive que jamais, se hâta d'assembler toute la
noblesse du pays, en quoi consistait toujours sa principale
force ; il leva un si grand nombre de gens de pied, qu'il
avait dessein d'envoyer au secours du roi, que le prince
de Condé et l'Amiral de Coligny avaient manqué de faire
prisonnier à Meaux. Cet attentat semblait si énorme à un
sujet fidèle comme Montluc, qu'à tout instant il ne parlait
que des moyens de pouvoir le venger ; il fit à cet effet de
grandes provisions d'armes et de nouvelles levées dans
toute la province, voulant, disait-il, que le reste de la
France dût son salut à la Gascogne ; mais le zèle que
Montluc témoigna en cette occasion ne fut pas bien inter-
prété ; on dit qu'en levant ainsi des troupes à son gré, il
tranchait du souverain de la Guyenne, et voulait être
moins utile à la cour que s'y faire craindre.

La reine-mère paraissait avoir pris les mauvaises im-
pressions qu'on voulait donner à son sujet, du moins elle
se conduisit à son égard comme si ces rapports eussent
été fondés, et M. de Candale fut nommé pour commander
à sa place à Bordeaux et dans les pays circonvoisins : ce
changement chagrina beaucoup Montluc ; cependant la
paix publiée peu de temps après, lui fit moins sentir
le désagrément d'être déplacé. Lorsqu'on commença la
guerre, le duc de Candale ne s'étant point senti assez
d'expérience pour commander, Montluc fut chargé des
opérations de cette campagne, et s'aperçut seulement
qu'on avait voulu lui en oter le mérite.

La Reine de Navarre, ennemie déclarée de Montluc, et
un des principaux mobiles de cette guerre, cherchait à le
surprendre pour passer avec des troupes du pays de Béarn
où elle était, dans les provinces du Poitou où elle voulait
se rendre, pendant que par ses ordres, cinq ou six mille

provençaux s'avançaient à grandes journées pour se joindre au Seigneur d'Assier, un des chefs des huguenots dans la Guyenne; cette princesse en vint à bout, et on apprit bientôt qu'aidés de son secours, le prince de Condé et l'Amiral de Coligny, se trouvaient à la tête d'une nombreuse armée, dont la cour témoigna beaucoup d'inquiétude.

On manda aussitôt à Montluc et aux autres chefs des catholiques, de marcher pour se joindre à M. de Montpensier afin de combattre ensemble le prince de Condé et l'Amiral. Montluc qui voyait à regret les six mille provençaux prêts à joindre d'Assier, s'opposa aux ordres de la cour, en disant qu'en vain on cherchait le prince de Condé pour le combattre, qu'il était bon capitaine et capable de profiter de toutes les fautes qu'on ferait en sa présence, sans se laisser engager à une action quand il ne le voudrait pas; que le temps employé à s'avancer vers lui et à le harceler, serait perdu, et qu'il en profiterait pour augmenter sa réputation et ses forces.

Le conseil de guerre assemblé à ce sujet, pensa comme Montluc, et il fut résolu tout d'une voix, que l'on attendrait l'occasion de battre les provençaux, avant de faire aucune autre démarche; cependant on fit un crime à Montluc de cet avis; quelque temps après on lui reprocha de n'avoir pas combattu les ennemis en une occasion où il le pouvait avec avantage, et de n'avoir pas obéi ponctuellement aux ordres de la cour. Montluc dit qu'il comprit alors combien il était malheureux d'avoir perdu une grande partie de sa famille et surtout ses enfants, dont quelques-uns auraient pû demeurer à la cour, et répondre mieux que personne aux accusations de ses ennemis. Ses actions seules parlaient en sa faveur; mais l'interprétation qu'on y donnait lui en ôtait tout le mérite; en vain écrivit-il à divers reprises au roi, à la reine et aux ministres, son style, sa politique, son mérite même, n'étaient plus de saison.

Le genre de guerre qu'il avait à soutenir, contribuait beaucoup à lui faire essuyer l'injustice dont il était l'objet; il ne pouvait vaincre que des sujets du roi, et détruire de

ses villes ; d'ailleurs le duc de Guise recueillant alors tous
les éloges des catholiques, les capitaines qui combattaient
pour leur cause, trouvaient peu de défenseurs contre les
menées des protestants; Montluc se vit sacrifié et obligé
de laisser le commandement des armées à des courtisans
plus heureux, en se conservant toujours néanmoins le
droit de le reprendre, si la guerre, assoupie en ce temps-
là, venait à se réveiller dans la Guyenne, où le marquis
de Villars avait été envoyé à sa place, sous prétexte de le
soulager.

Ce vieillard accablé de fatigues et de blessures, eut à
peine joui de quelques mois de repos, qu'il en parut fatigué; la guerre était un élément hors duquel il semblait
ne pouvoir vivre, et voyant souvent la noblesse de la
Guyenne assemblée sans lui, il lui échappait des plaintes qui
roulaient toujours sur la guerre. Il ressentit une joie bien
vive lorsque le duc d'Anjou le manda pour assister au siège
de la Rochelle où il se rendit avec la noblesse la plus qua
lifiée du royaume. On ne prit point la Rochelle, le roi
Charles qui régnait alors mourut peu de temps après, et
Henry III, sous qui Montluc avait servi au siège de la
Rochelle, l'ayant mandé à Lyon, lors de son retour de
Pologne, le fit maréchal de France; il lui donna le bâton
de sa main, en présence de toute la cour. La bienveillance
du nouveau roi aurait pu rendre à Montluc son premier
crédit; mais il s'apercevait bien qu'il allait perdre le fruit
qu'elle pouvait lui procurer et la vie même. Il se sentit
tout à coup comme accablé sous le faix des années; ses
blessures menacèrent de se rouvrir, et ayant voulu s'effor-
cer pour monter à cheval, il sentit que cet exercice serait
désormais au-dessus de ses forces.

Ce général entreprit néanmoins encore le siège de Gen-
sac, qu'il acheva avec beaucoup de peine; d'ailleurs s'étant
aperçu que les intrigues de ses concurrents dans le commandement des armées en Guyenne, diminuaient beaucoup la considération que la noblesse avait toujours eue
pour lui, il prit enfin la résolution de se retirer tout à fait
en sa maison; il avait formé le dessein d'aller achever le
reste de sa vie dans un hermitage, situé sur le sommet des

Pyrénées; mais ses affaires domestiques et les attentions
qu'il devait à sa famille, le retinrent en sa maison, une
maladie lente l'y saisit et l'empêcha absolument de sortir;
Ce grand homme mourut enfin, beaucoup moins regretté
qu'il ne le devait être, mais estimé par rapport aux mœurs
et à la science militaire; ses ennemis même ne pouvaient
en disconvenir.

On l'a toujours mis depuis sa mort au premier rang des
capitaines de second ordre, car il n'a jamais commandé
en chef de grandes armées; mais il a été jusqu'ici inimi-
table pour les surprises, les embuscades, la conduite des
partis, les escarmouches et tous les détails de la guerre
sur laquelle il a laissé un grand nombre de préceptes,
assez peu lus, et encore moins suivis, quoique la plupart
méritent de l'être.

HISTOIRE

DE

JEAN, COMTE DE DUNOIS

ET DE LONGUEVILLE

LIEUTENANT GÉNÉRAL DES ARMÉES ROYALES EN FRANCE

SOUS LE RÈGNE DE CHARLES VII

Charles V, longtemps malheureux et persécuté, avait réparé par une sage conduite, qui est le fruit ordinaire des disgrâces, ce que la témérité du roi Jean, son père, avait causé de maux à l'État, lorsqu'il mourut couvert de gloire, et adoré de ses sujets, laissant deux fils, Charles VI, son successeur, et Louis, duc d'Orléans. Je suivrai particulièrement en cette occasion mon dessein d'insérer dans l'Histoire des capitaines, l'état de la France lors de la naissance de mon héros, et les révolutions surprenantes du règne de Charles VI, sont liées de telle sorte avec les actions du comte de Dunois; il est si généralement reconnu pour avoir réparé par sa prudence et son courage, les maux auxquels le royaume fut livré sous ce malheureux règne, et pour l'avoir arraché des mains des Anglais qui s'en étaient rendus possesseurs, que je serai obligé par la matière de suivre, pour lui, cette règle, que j'ai crû devoir me proposer pour tous ces capitaines.

L'extrême jeunesse du roi le soumit à la tutelle des ducs d'Anjou, de Berry, de Bourgogne, ses oncles, et du duc de Bourbon beau-frère du feu roi. Le premier avait beaucoup d'esprit, d'ardeur et de courage, c'étaient là ses seules bonnes qualités : encore son ambition excessive en corrompit-elle l'usage, et le rendit plus funeste à la France que le duc de Berry, homme vain et peu capable, et que le duc de Bourgogne même, quoique ce dernier eut résolu dans l'instant de la mort du roi, de sacrifier à sa propre grandeur, ce que le devoir et la nature lui prescrivaient en faveur de Charles, son neveu.

La probité reconnue du duc de Bourbon s'opposa d'abord avec succès aux entreprises des princes ; mais la vertu ainsi que les hommes cédent au nombre. Les oncles du roi devinrent, pour la ruine de l'un et de l'autre, ses maîtres absolus, ainsi que du royaume. D'abord on augmenta les subsides, qui furent moins imposés par la nécessité d'État, que pour satisfaire à l'avarice du duc d'Anjou, à la prodigalité du duc de Berry, et à la politique du duc de Bourgogne, dont l'objet était de rendre les peuples mécontents du gouvernement présent, et de se faire des créatures particulières. Le nombre en devint si grand que presque tous les courtisans du roi étaient les espions du duc de Bourgogne.

Ce prince devenu en quelque sorte étranger pour les Français depuis qu'il était en possession de la Bourgogne, réparaît par ses grandes qualités, et par son adresse, ce que ce titre donnait à ses frères d'ascendant sur lui. Il affectait de montrer les vertus contraires à leurs défauts ; c'est par cette conduite que l'on semble parfait. Le duc d'Anjou était sévère, violent et avare, le duc de Berry paraissait ennemi des affaires et ami de la profusion. Leur frère fut doux et généreux, mais avec précaution ; il aimait le travail et l'expédition, parlait sans cesse du bien public, de liberté, de diminution d'impôts, et demandait hautement ce qu'il savait qu'on n'était point en disposition d'accorder, afin de s'attirer le mérite de la démarche, et de rejetter sur les autres le chagrin du refus. Le duc de Bourgogne devint bientôt d'autant plus cher aux Français que ses frères, et surtout le duc d'Anjou, entreprenaient chaque jour contre le bien public. Ce dernier se croyant maître de Paris par les troupes qu'il y avait fait venir, voulut rétablir par la force un impôt qu'on l'avait obligé de supprimer peu de temps auparavant.

Il connut alors que rien ne peut assurer pour longtemps contre les effets d'une mauvaise administration ; le peuple étant toujours le plus fort, dans quelque abaissement qu'une fausse politique prétende le réduire. Et l'expérience a prouvé que l'instant même où l'on se flatte le plus de sa soumission, dans des temps de violence, est celui de la révolte ouverte.

Un commis soutenu de plusieurs gardes, se présenta à la halle pour lever l'impôt sur une vendeuse d'herbes ; les cris qu'elle poussa attirèrent ses compagnes, et toutes ensemble ayant massacré le commis, animèrent les hommes, parcoururent la capitale, tuant et pillant, enfoncèrent l'Arsénal, prirent des armes, entre autres des massues et des maillets, et obligèrent le prévôt, l'évêque, les principaux bourgeois de Paris, et les officiers du conseil du roi à sortir promptement de la ville, où ils couraient risque d'être massacrés. On a tiré le nom de *maillotins*, des armes dont les mutins se servaient en cette occasion.

Le duc d'Anjou piqué d'avoir été obligé de prévenir les autres dans leur fuite, et que l'on accusait avec raison de tout le désordre, représenta aussitôt à Charles, que Sa Majesté devait faire subir un châtiment terrible à ses sujets rebelles ; et loin de diminuer les impôts qui les avait armés, de les augmenter pour punir leur soulèvement. C'est ainsi que le peuple qui n'a dans le temps des minorités, et du gouvernement des mauvais ministres, que la voix du tumulte pour se faire entendre à ses rois, est également la victime des attentats de la tyrannie, et des efforts qu'il fait pour s'en délivrer.

Quelques personnes, et surtout le duc de Bourgogne, représentèrent qu'à la vérité la Majesté Royale était offensée, mais que les plus coupables étaient sans doute ceux qui avaient donné lieu à l'offense. Que si le duc d'Anjou était l'oncle et le ministre du roi, les peuples étaient ses enfants. Que punir un parti c'était autoriser

l'autre, ce qui devenait également dangereux : le duc
ayant abusé de son pouvoir, et les peuples des moyens
de s'en plaindre. Quelques-uns ajoutèrent même, qu'après
avoir considéré l'état des choses, le duc d'Anjou, en cette
circonstance, ne devait point être regardé comme ministre
du roi, mais seulement de ses propres passions et de son
avidité.

L'audace des parisiens donna de la force à ces raisons.
En déclarant qu'ils étaient toujours disposés à rendre à la
personne du roi, toute la soumission qui lui était due, ils
se mirent en état de défense contre le duc d'Anjou; ar-
rachèrent des prisons ceux de leurs compagnons qui y
avaient été mis, et ne posèrent les armes qu'après la sup-
pression de l'impôt, et l'assurance du pardon. Alors voulant se montrer bons sujets, ils firent au roi un présent
volontaire de cent mille francs. Le duc d'Anjou appelé par
la reine Jeanne à la succession du comté de la Provence
et du royaume de Naples, partit peu après pour s'y rendre, emportant des trésors, qui justifièrent tout ce qu'on
avait répandu de son avarice et de ses exactions.

Le départ du duc d'Anjou laissa le duc de Bourgogne
maître du gouvernement, et des forces de l'État. Il les
employa aussitôt en faveur de Louis, comte de Flandres, son
beau-père, contre lequel ses sujets s'étaient révoltés sous
la conduite de Philippe d'Artevelle. Le roi marcha en personne à cette expédition ; et le connétable de Clisson gagna
sous ses yeux la bataille de Rosebeque, sur Philippe d'Artevelle qui ne le cédait à ce général, ni pour l'habileté ni
pour le courage ; mais qui se trouvant chef d'une multitude
animée, fut obligé de suivre son ardeur et de se perdre
avec elle. Les parisiens avaient remué de nouveau pendant l'absence du roi, sa victoire le mit en état d'en tirer
une juste punition.

Ce prince entra à Paris à la tête de son armée, fit briser
les portes de la ville, ôter les chaînes des rues, désarmer
les habitants, et pendant plus d'un mois on n'entendit
parler que de supplices. Jean des Marets lui-même, avocat
général, après avoir rendu d'importants services à quatre
rois successivement, fut sacrifié aux soupçons que donnait

son crédit sur le peuple, quoiqu'il ne l'eut jamais employé qu'à l'appaiser durant les troubles, et à maintenir l'autorité royale. Il fut condamné à avoir la tête coupée, et subit ce supplice à l'âge de soixante-dix ans, avec tout le courage qu'inspire l'innocence. Sa mort fut généralement imputée au duc de Bourgogne, ennemi déclaré des créatures du duc d'Anjou, et l'avocat général était du nombre. Ce prince tâcha de le faire oublier aux parisiens, en portant le roi à pardonner comme il fit, à ceux des coupables qui restaient à Paris. Ainsi l'affection des peuples lui fut rendue, et comme si tout eut conspiré à le rendre maître de la France sous le nom du roi, le comte de Flandre, son beau-père, étant mort presque dans le même temps, il joignit à son duché de Bourgogne, les comtés de Flandre, d'Artois, de Rhetel, de Nevers, la seigneurie de Salins, et plusieurs autres terres, ce qui, après les rois de France et d'Angleterre, le rendit le plus puissant prince de l'Europe.

. Alors rien ne se fit plus à la cour que par ses ordres, l'argent prenait le cours qu'il voulait lui donner, et les troupes ne servaient pour ainsi dire qu'à punir les révoltes de ses sujets, et à le rendre souverain plus absolu que ne l'avait jamais été aucun de ses prédécesseurs. On le récompensait même de tous les avantages que remportait la nation, comme si conduisant principalement les affaires, ils devaient lui être attribués. Quelques succès remportés sur les Anglais, lui valurent le port de l'Ecluse, le meilleur que la France eut alors sur l'Océan, ce qui ne servit pas peu à contenir ses sujets.

Cependant Louis depuis duc d'Orléans, et alors comte de Valois, aimé du roi son frère, et cher aux peuples à cause de sa bonne mine, et de la douceur qui accompagnait toutes ses actions, commençait à faire entendre au duc de Bourgogne que sa naissance était un titre supérieur au sien, et le mettait en droit d'avoir part au gouvernement. Ce prince avait épousé Valentine de Milan, fille du souverain de cet État. A un esprit supérieur et formé pour l'intrigue, elle joignit une finesse inconnue en France jusque là. Sa conversation était aimable et enjouée, et contre l'ordinaire des femmes de son temps, et surtout de son pays, elle faisait régner dans ses discours un air libre, qui sans avoir rien de contraire à la décence, leur donnait un agrément que personne ne pouvait imiter. L'avantage de sa figure ajoutait encore aux charmes de son esprit. Elle était grande, bien faite, et portait le goût de l'ajustement au point d'être suivie en cela de toutes les autres femmes, sans pouvoir jamais être imitée. Le roi était jeune, et aimait ses plaisirs, la duchesse d'Orléans en inventait chaque jour de nouveaux ; c'était elle qui ordonnait les fêtes et les spectacles. La profusion et l'éclat y tenaient lieu de l'ordre et de la pompe qui caractérisent ceux de nos jours. Mais si le génie de la duchesse ne pouvait sans secours atteindre à la perfection, au moins surpassait-elle de bien loin tout ce qu'on avait fait dans ce genre avant elle.

L'étude particulière que cette princesse avait faite de l'Astrologie, en la rendant suspecte à plusieurs dans ce siècle d'ignorance, inspirait du respect pour ses lumières au plus grand nombre ; le roi s'amusait de ses découvertes et de ses prédictions, dont le hasard accomplissait quelques-unes. Et étant ainsi, par plusieurs endroits, nécessaire à ses plaisirs, elle se trouvait maîtresse absolue de son esprit.

Son pouvoir n'était pas moindre sur celui du duc d'Orléans son mari. Ses conseils l'avaient tiré de l'oisiveté où il avait vécu jusque-là, et lui avaient fait connaître que l'ambition est une vertu nécessaire chez les princes, s'ils veulent se faire donner une part dans les affaires.

Sur ces entrefaites le duc de Bretagne ayant mécontenté le roi, il résolut d'entrer avec une armée dans ses États, suivant le conseil du Connétable de Clisson, des Ministres, et du duc d'Orléans dont il étaient appuyés, mais contre le sentiment des ducs de Berri et de Bourgogne. Il parut bien, par ce qui arriva, qu'ils étaient contraires à cette expédition. Pendant la route on n'entretint le roi que de discours sinistres, et que des suites fâcheuses d'un succès malheureux. Son esprit en fut frappé, il devint triste et mélancolique. Enfin étant sorti de la ville du Mans à la tête de son armée, un homme aposté et d'une figure affreuse et couvert d'habits déchirés, vint à sa rencontre et lui cria d'un ton de voix horrible : *Roi, où allez-vous; on va vous livrer à vos ennemis.* A ces mots, et à la vue d'une épée que le hasard ou l'ordre des ducs fit briller à ses yeux, le mit en fureur. Il tira la sienne et tua ou blessa jusqu'à ce que l'épuisement de ses forces permit de l'approcher. Il revint de cet état, et cherchant à en éloigner le souvenir, ce prince ne s'occupa que des plaisirs proportionnés à sa situation.

Il témoignait surtout un empressement extrême pour la duchesse d'Orléans dont la présence, et la conversation rendaient le calme à ses esprits agités.

La jalousie du duc de Bourgogne augmentant contre le duc d'Orléans, à mesure que ce prince montrait le désir de gouverner, il sut le faire comprendre par la multitude dans l'idée qu'elle avait de sa femme, et tous deux passèrent pour des magiciens, dont l'art funeste causaient les maux du roi, et ceux qui en résultaient contre la France. Cette prévention si fâcheuse pour un prince qui avait besoin de l'affection des peuples, fut encore augmentée quelque temps après.

Le roi, à l'occasion d'un divertissement, s'était déguisé en Satyre avec quatre jeunes seigneurs de sa cour; le duc d'Orléans sans faire attention aux suites, mit le feu à un de leurs habits couverts de poil en enduit de poix-résine, ce qu'il ne savait pas. La flamme et la fumée étouffèrent d'abord un des masques ; le roi fut sauvé par la duchesse de Berri. Les trois autres ayant trouvé du secours trop loin et trop tard, moururent peu de jours après. On n'entendit plus que plaintes contre le duc d'Orléans dont l'imprudence avait causé un accident si déplorable. Il avait, disaient quelques-uns, voulu faire périr le roi; et ce prince lui-même encore effrayé du danger qu'il avait couru, lui témoigna un mécontentement extraordinaire dont le duc de Bougogne sut tirer un grand avantage.

Mais ce qui rendit ce duc irréconciliable avec le duc d'Orléans, et devint la cause de la mort de ce dernier, fut le malheureux succès de la bataille de Nicopoli, donnée

par Sigismond, roi de Hongrie, contre Bajazet, empereur
des Turcs. Une grosse troupe de Français formaient la
meilleure partie des troupes de Sigismond. Elle était commandée par Jean, comte de Nevers, fils aîné du duc de
Bourgogne, et composée et de tout ce que la France avait de
plus noble et de plus brave, et en même temps de plus
présomptueux et de plus téméraire. Après avoir fait des
prodiges de valeur, et poussé une partie de l'armée des
Turcs, ils furent vaincus et faits prisonniers par l'autre.

Ce malheur qui intéressait les plus considérables familles du royaume, fut encore rejeté sur le duc d'Orléans à cause de la duchesse sa femme, qu'on accusait
d'avoir instruit le duc de Milan son père, des secrets de la
cour de France, de la force du secours qu'on envoyait à
Sigismond, et donné moyen aux Milanais d'en informer
Bajazet avec lequel on le supposait en relation. Jean, comte
de Nevers, principale cause du malheur des Français (sa
qualité de fils du duc de Bourgogne lui soumettant l'amiral Jean de Vienne, Boucicaut, et autres sages capitaines
qui le suivaient), donna crédit pour se faire disculper, au
sentiment répandu contre la duchesse d'Orléans ; sans doute
même qu'il reçut de bonne foi cette fausse et ridicule prévention. Au moins la haine qu'il témoigna alors contre le
duc d'Orléans, et les extrémités où il se porta depuis
contre ce prince semblent-elles le prouver.

Le duc d'Orléans, indigné de la conduite de ses ennemis,
après avoir prié la duchesse sa femme, de s'absenter pour
quelque temps de la cour, travailla sérieusement à s'en
rendre le maître, et ne pensant plus à ménager le duc de
Bourgogne, ni même son devoir, il fit alliance avec les
étrangers, et se rendit à Paris avec le duc de Gueldres et ses
troupes. Le duc de Bourgogne plus puissant en ce qu'il
possédait de grands États, fit venir à Paris une armée entière, et ce fut dans une grande ville et à la vue de son roi
que commença une guerre civile, la plus cruelle qui eût
jusque-là agité la France. D'abord les deux chefs affec-
tèrent une grande modération, et se réconcilièrent même
en apparence. Mais ils devinrent bientôt plus ennemis que
jamais.

Le roi aimait tendrement son frère, et craignait le duc de Bourgogne; il profita de l'absence de celui-ci pour suivre son inclination, en le déclarant lieutenant-général du royaume pendant sa maladie, et écouta les mouvements de sa crainte en rétablissant le duc de Bourgogne dans cette dignité, aussitôt après son retour. Alors les deux princes devinrent irréconciliables. Mais ce qui arriva de plus malheureux pour la France fut que le duc de Bourgogne étant mort peu de temps après, laissa héritier de sa puissance et de sa haine, Jean, son fils aîné, bien plus capable d'en abuser que lui, et de porter la vengeance à l'excès; c'était le même qui reprochait au duc et à la duchesse d'Orléans, sa défaite, et sa prison chez les Turcs. Il ne dissimula jamais son ressentiment contre eux quoiqu'injuste, et trouvant dans la disposition des peuples de quoi le satisfaire, il vint promptement à la cour dans la résolution de les en éloigner tous deux. Le duc d'Orléans ne se sentant pas le plus fort, s'était réuni avec Isabeau de Bavière, femme de Charles VI, et qui a causé plus de malheurs à la France que Brunehaut et Frédégonde; tous deux résolus d'abandonner Paris, emmenaient aussi le Dauphin, lorsque le duc de Bourgogne se présentant à la litière de ce Prince, l'obligea de rentrer dans sa capitale.

Ce coup déconcerta tous les projets du duc d'Orléans, il jura de s'en venger, et fit même dire au duc de Bourgogne qu'il le regardait désormais comme son ennemi déclaré. Depuis ce moment on ne vit aux environs de Paris que troupes en campagne; chaque jour la ville essuyait de nouvelles allarmes, ce n'était que troubles, chaînes tendues, barricades, émeutes de populace, assauts donnés pendant la nuit, tantôt à la maison du duc de Berry tantôt à celles des partisans du duc d'Orléans.

Enfin ces désordres finirent par la plus lâche des trahisons, et le plus grand de tous les crimes. Le duc de Bourgogne, après avoir feint un désir de se réconcilier avec le duc d'Orléans, communia avec lui vers le milieu du mois de novembre, et le fit assassiner trois jours après, dans les rues de Paris même. La nouvelle de cette mort tragique fut d'abord portée à l'hôtel Barbette, d'où le duc d'Orléans sortait ayant été rendre visite à la reine qui s'y trouvait en couche. Cette princesse effrayée, se fit transporter sur-le-champ à l'hôtel de saint-Paul où logeait le roi ; son état et sa douleur y répandirent la consternation, les courtisans et les gens de guerre s'y rendirent en foule bien armés, pour défendre les jours du roi qui semblaient être menacés.

La duchesse d'Orléans était à Château-Thierry lorsqu'elle apprit la mort funeste de son mari. Ce fut en cette triste occasion que le comte de Dunois parut pour la première fois sur la scène du monde. Il était né en 1403, de Louis duc d'Orléans, et de la femme d'un seigneur nommé Cani de Varennes.

La duchesse assembla aussitôt toute sa maison, et jetant les yeux sur ses enfants, qui étaient encore dans une grande jeunesse, elle s'écria tristement : *Quel sera celui qui vengera son père. Ce sera moi, madame*, répondit le jeune Comte, quoiqu'alors il eut à peine six ans, *et je me montrerai digne d'être son fils.* La duchesse étonnée de cette réponse généreuse embrassa le Comte, et pour l'encourager lui promit d'enchérir sur les bontés, dont elle avait honoré son enfance. Et se tournant vers ceux qui l'écoutaient : *Oui*, dit-elle, *je le regarde comme celui des enfants du duc qui soit le mieux taillé à le venger.*

Le comte de Dunois plus âgé ne parla plus que de haine, de guerre et de punition, il sembla même après que le ressentiment dont il était animé avançait son âge pour le rendre plus capable des exercices propres aux combats. La reine partageait sincèrement l'extrême douleur de la duchesse, et s'étant rendue maîtresse de Paris, elle lui écrivit d'y venir pour demander publiquement justice au roi du crime commis par le duc de Bourgogne alors absent. Cette princesse se disposa aussitôt à partir et voulut que le comte de Dunois fût du voyage.

Elle prit ainsi que ceux de sa suite des habits de deuil, avec une foule de chevaliers qui lui faisaient cortège. Entrant à Paris on affecta de marcher doucement, pour que cet équipage lugubre, joint à la profonde tristesse qui paraissait sur son visage, fît plus d'impression sur le peuple. En effet son attachement pour le duc de Bourgogne ne l'empêcha point de paraître touché; mais ce qui acheva de le frapper fut la jeunesse des enfants du duc, que l'on montrait en public, et qui témoignaient ressentir toute la grandeur de leur perte.

Le comte de Dunois, inférieur à cause du défaut de sa naissance, attirait néanmoins les regards. Sa beauté était extrême, et ce qu'on avait rapporté de son courage dans un âge si tendre, lui avait gagné le peuple toujours si idolâtre de l'enfance des grands. Enfin le jour accordé par le roi étant arrivé, il suivit la duchesse, le duc d'Orléans et le comte de Vertus son frère, et se jeta avec eux aux pieds du roi, pour lui demander justice de la mort cruelle du duc d'Orléans, et des calomnies répandues par son assassin contre sa mémoire.

Les plaintes de la duchesse et de ses enfants attendrirent toute l'assemblée. Le cœur du roi surtout ne put tenir à leurs larmes, il en répandit lui-même. Ce prince avait une forte inclination pour la duchesse; son frère lui était cher; il avait à pleurer avec sa perte l'impuissance où il était de le venger. En effet après avoir promis justice à sa veuve contre le duc de Bourgogne, il se vit obligé d'abandonner Paris à ce dernier, qui s'y rendit avec des troupes.

Le duc fut reçu des Parisiens avec autant d'appareil et les mêmes marques d'honneur, que l'on rendait aux rois. On cria partout : *Noël! Noël! Vive le duc de Bourgogne!* mais le peuple s'étant accoutumé à sa vue, on commença à réfléchir sur ses actions. Il avait tué le frère unique du roi, il venait de l'obliger lui-même à fuir de sa capitale; ses troupes subsistaient aux dépens des campagnes voisines de Paris, et les peuples de sa domination ne jouissaient d'un sort heureux qu'aux dépens des biens et du repos des Français. On demandait ce qu'il avait jamais fait en faveur de ces derniers, quels abus il avait réformés, quels avantages procurés par ses soins?

La mort de la duchesse d'Orléans qui succomba à sa douleur, étant arrivée sur ces entrefaites, acheva d'indisposer les esprits contre le duc de Bourgogne; mais si cet accident lui fut contraire en cette partie, il lui devint fa-

10

vorable, en ce que ne pouvant diminuer l'impression de son crime, que par sa réconciliation avec la maison d'Orléans, elle devenait beaucoup moins difficile depuis la mort de la duchesse.

Cette courageuse princesse avait témoigné durant les derniers jours de sa vie, un grand regret de la perdre avant d'avoir goûté aucun fruit de sa vengeance. Elle fit venir le comte de Dunois, et le mettant en ce point au-dessus de ses propres enfants, elle l'exhorta à se souvenir qu'il devait le jour à un prince assassiné par le duc de Bourgogne, et son éducation à une princesse qui le conjurait de se venger. En même temps elle se plaignit de ce que la mort prévenait les arrangements qu'elle devait prendre pour sa fortune, lui donna les choses dont il lui était possible de disposer sur-le-champ, et le recommanda expressément au duc d'Orléans, son fils aîné.

Il était alors âgé de quinze ans, et l'on avait eu trop peu de soin de le former, pour qu'il fût en état à cet âge de bien connaître et de défendre ses intérêts. On le pressait d'ailleurs, la cour désirait la paix, les amis du duc de Bourgogne y dominaient, ils parlaient sans cesse en sa faveur; on traînait en longueur toutes les poursuites; et il est certain, que lorsque l'avantage du temps (ce qui arrive presque toujours) se joint à la puissance, il n'y a plus de justice à espérer. Enfin on fit résoudre le jeune duc à un accommodement.

Et pour satisfaction d'un crime odieux qui le privait d'un père, et la France de son premier prince, il se contenta de l'aveu que lui fit le duc de Bourgogne, de ces paroles prononcées par son chancelier : « Monseigneur le duc » d'Orléans, et vous Messieurs ses frères, voici Monseigneur » le duc de Bourgogne, qui vous supplie de déposer de vos » cœurs, et de bannir tout le ressentiment que vous avez » conçu contre lui. Il vous demande votre amitié, et vous » conjure de lui pardonner toutes choses. » On doit faire attention que ces mots de *vous supplie*, *vous conjure*, exprimaient une grande soumission, avant que le langage des cours les eût rendus communs dans les compliments ordinaires. Le duc de Bourgogne disait seulement après son chancelier : *mon très cher cousin, je vous en supplie.*

Il fut convenu en conséquence, et pour témoignage de cette réconciliation, que le comte de Vertus, frère du duc d'Orléans, épouserait la fille du duc de Bourgogne. Ce jeune prince était ainsi destiné à donner des petits-fils à l'assassin de son père. Mais cet accommodement public ne rapprocha pas les cœurs. Le duc de Berri devenu contraire au duc de Bourgogne, intéressa dans sa querelle le duc d'Orléans, ses frères, et le comte de Dunois, et ils envoyèrent au duc de Bourgogne un défi insultant pour se battre avec lui. Ce prince y répondit avec hauteur, assembla des troupes, vint dans Paris à main armée, y logea ses troupes, et mit en son nom un impôt sur la capitale, si exorbitant, que les familles les moins taxées payaient six écus d'or. Les bourgeois maltraités se virent obligés de quitter Paris, et les campagnes des environs furent tellement abandonnées, que la récolte ne se fit qu'après la Saint-Martin.

Alors le duc d'Orléans se trouvant le plus faible, se fit seconder par le comte d'Armagnac son beau-père, qui donna le nom au parti de son gendre. Il prit la croix blanche, et les Bourguignons la rouge. Cette faction était composée de ce qu'il y avait de plus redoutable à Paris, je veux dire des bouchers dont les chefs étaient les Thiberts, les Sainctions et les la Dehors.

La capitale ne fut plus alors qu'un lieu de violence et de meurtres, les femmes enceintes, les enfants au berceau, se virent les victimes des deux partis. Le dauphin Charles se rangea aussi du côté du duc d'Orléans, et fit tuer le duc de Bourgogne sur le pont de Montereau-Faut-Yonne. Cette mort fut suivie de la révolte de toute la France contre le dauphin, et la perte de la bataille d'Azincourt, ayant livré ce royaume et son roi aux Anglais, le dauphin fut déclaré incapable d'y succéder. Henri qui régnait sur l'Angleterre se vit déclarer successeur de Charles VII.

Le comte de Dunois, malgré ses inclinations militaires, avait été contraint, à cause de son peu de fortune, d'embrasser l'état ecclésiastique ; mais se trouvant le seul en France de sa maison, le duc d'Orléans et son frère étant prisonniers des Anglais, il suivit son goût pour les armes, et obtint de l'emploi du dauphin.

On a vu d'abord ce que promettait la nature dans son enfance. Aidée de l'éducation, et de ce que lui avait acquis une attention extraordinaire à examiner et à suivre de près les meilleurs exemples, elle avait depuis développé en lui des sentiments généreux pour sa famille, une fidélité extrême pour son roi, et un attachement inviolable pour sa patrie. Qualités qui doivent être les premières dans un grand homme, et sans lesquelles sa haute valeur, sa sagesse et sa conduite, par rapport à la société ordinaire, son expérience à la guerre, les services même qu'il a rendus à l'État ne lui auraient point à bon droit acquis ce titre glorieux.

Il avait alors vingt-trois à vingt-quatre ans. Mais ses actions toujours mesurées ne décelaient point son âge, et peut-être que dans un temps moins agité de troubles, on aurait appelé mélancolie, sévérité déplacée, ce qui n'était en lui que l'effet d'un tempérament tranquille, et la suite de la triste situation où se trouvaient alors sa maison, son roi, et la France entière. Il parlait peu, même quand il agissait beaucoup ; et rarement se communiquait-il avec familiarité à ceux qui l'approchaient le plus, aussi ne fut-ce point par son affabilité qu'il sut plaire, il ne gagna les cœurs qu'à force de vertu. Elle forme le plus sûr de tous les liens ; mais elle est longtemps à l'achever. D'abord on se prévint contre l'humeur du comte. Ce ne fut qu'après l'avoir examiné avec soin qu'on l'estima ; et chacun désira la possession d'une amitié, que la difficulté de l'obtenir faisait paraître plus solide.

Charles l'avait connu dès sa plus grande jeunesse. Il était depuis quelque temps son conseiller le plus fidèle, et le capitaine en qui il avait le plus de confiance. On lui remettait d'ordinaire les expéditions qui demandaient de l'activité, de l'ardeur ; et ses succès, quoique prodigieux, étaient devenus communs surtout quand il avait à combattre les Bourguignons, tant sa haine lui fournissait des ressources, et augmentait son courage contre les assassins de son père. Je parle ainsi, parce que la passion ne manque jamais de confondre l'auteur d'une offense avec ses défenseurs.

Les Anglais au nombre de trois mille hommes, commandés par les comtes de Warwick et de Suffolk, venaient de mettre le siège devant la petite ville de Montargis ; mais il n'y avait point alors de si faible place qui ne fût capitale pour Charles VII. Ce prince résolut donc de la secourir, et avec beaucoup de peine assembla environ seize cents hommes. Ce n'était point assez pour faire lever le siège, on les destina seulement à faire entrer un convoi dans la place, et la charge en fut donnée au comte de Dunois, qui avait avec lui le connétable d'Écosse, les seigneurs de Saint-Simon, d'Orval, de Graville, de Gaucour, de Saintrailles et de la Hire, les deux meilleurs officiers de leur temps, et qui auraient acquis le titre de grands capitaines sous un roi plus heureux et plus puissant que celui qu'ils servaient.

Accompagné de ces braves chefs, et suivi d'un grand nombre de gentilshommes qui faisaient la principale force de sa troupe, le comte de Dunois fit tant de diligence, qu'il arriva à une demi-lieue de Montargis, avant que les Anglais eussent reçu aucun avis de sa marche. Il avait avec lui un officier de la garnison, nommé le petit Breton, parfaitement instruit des défauts des retranchements ennemis. Ils consistaient en ce que leurs quartiers se trouvaient séparés à cause de la rivière de Loin qui passe par Montargis, ce qui en rendait la communication difficile.

Le comte de Dunois, dont la charge était seulement de la rafraîchir, résolut de profiter de ce désavantage des ennemis, pour la délivrer entièrement de leurs efforts. Certain que les quartiers des Anglais ne pouvaient se secourir qu'avec peine, il en fit attaquer un par la Hire, et marcha droit au second, car il y en avait trois. Le premier ne tint pas contre la Hire, qui accourut aussitôt se joindre au comte de Dunois, contre lequel on se défendait davantage. Les ennemis voulurent alors gagner, par-dessus le pont placé au-dessus de la ville, leur troisième quartier où commandait Warwick ; mais le gouverneur de la place ayant fait monter l'eau jusque sur le pont en baissant promptement les écluses, le chemin à la suite leur fut fermé, en même temps que leurs camarades ne pouvaient les secourir.

Le comte de Warwick, voyant de loin cette déroute, sortit de ses retranchements, et se retira en bon ordre sur une hauteur voisine, disposé à se bien défendre, si les vainqueurs le venaient attaquer. Mais le comte de Dunois, ne voulant point exposer la gloire de son premier avantage et le salut de la ville à l'incertitude d'un second combat, lui laissa la liberté de faire sa retraite.

Ce succès était un des plus éclatants que le roi eût emporté depuis son avènement à la couronne; il en ressentit une joie proportionnée à la réputation qu'il donnait à ses armes. Le comte de Dunois fut unanimement reconnu pour le héros de son parti; et ce seigneur, jugeant de quelle importance il était d'animer par quelques bienfaits signalés le petit nombre des sujets fidèles au roi, obtint pour les habitants de Montargis une exemption de tout subside, deux foires franches par an, outre celle qui était déjà établie, le droit d'usage dans la forêt de Pontcourt et celui de porter sur leurs habits une M en broderie d'or.

Le comte de Dunois était très ingénieux à trouver ces sortes de récompenses, dont le genre convenait à la situation des affaires de son roi. Elles changèrent de face peu de temps après par l'habileté du duc de Bedford, qui savait toujours réparer par son activité et son courage ce que le malheur ou l'imprudence des généraux de sa nation laissaient prendre de succès à ses ennemis. Il était parfaitement instruit des efforts de la cour de Charles pour sa réconciliation avec le duc de Bourgogne, ce qui eût été la ruine des affaires d'Angleterre en France.

La passion du duc de Bourgogne pour venger la mort de son père, était le seul lien qui le retenait à des ennemis, qui étant ceux de la France se trouvaient indirectement les siens. Il descendait d'un de ses rois, il pouvait un jour en augmenter le nombre, la branche aînée de sa maison finissant; et d'ailleurs son alliance ne devenait considérable aux Anglais qu'autant qu'il y aurait en France une puissance opposée à la leur.

Ces considérations étant capables de déterminer à un prompt accommodement un aussi grand homme que le duc de Bedford, il craignit que le duc de Bourgogne ne le conclût; et ne pouvant, pour l'en empêcher, que lui faire voir la France abattue même dans son secours, il se mit en état d'obliger le duc de Bretagne à se déclarer en sa faveur. Ce prince, ami de la paix quand la guerre ne pouvait, comme en cette occasion, servir à ses intérêts, lié par convenance de temps avec Charles VII, et sollicité par son frère Artus, connétable de France, travaillait lui-même à réunir le duc de Bourgogne avec le roi, et la crainte des Anglais trop voisins de ses ports et de ses frontières l'empêchant de fournir des secours de troupes à Charles, il l'aidait de ses conseils, permettait tacitement à ses sujets de le servir, et nuisait aux Anglais, en ce que sa neutralité partiale pour le roi donnait un grand relief au parti de ce prince.

Le duc de Bedford avait des troupes dans la basse Normandie, il cacha son dessein, les assembla, entrant dans la Bretagne à l'improviste, obligea le duc à se soumettre à toutes les conditions qu'il voulut lui imposer; ce prince pour ne lui donner aucun sujet apparent d'entreprendre ce qu'il venait d'exécuter, n'ayant pris aucune mesure pour se garantir de ses efforts. Il fut donc obligé de reconnaître le roi d'Angleterre pour roi de France, de promettre de l'aider contre Charles, et de lui faire hommage de son duché trois mois après qu'il en serait requis. Mais ce qui fit plus de tort aux affaires du roi, que la désertion forcée du plus puissant vassal qui lui restait, furent les troubles qu'elle excita à la cour.

On a vu dans l'histoire de la Trémouille, d'abord ses liaisons avec le connétable, ensuite sa haine pour ce prince. Elle était au plus haut point, et il vint à bout, sous le prétexte de sa hauteur insupportable (qu'il était alors inutile de ménager) de l'éloigner de la cour. Artus voulut se venger. Ce petit parti de Charles VII qui occupait à peine les provinces les plus faibles du royaume fut divisé en deux qui se firent la guerre avec fureur. Elle finit en peu de temps en partie par les soins du comte de Dunois;

mais elle dura assez pour faciliter aux Anglais la conquête de plusieurs petites places. Le roi emporta de son côté celle du Lude en Anjou, et fit enfin résoudre les habitants de Tournai, partagés entre le duc de Bourgogne et lui, à se déclarer en sa faveur.

Charles commençait à respirer et à croire que les ducs de Bretagne et de Bourgogne, retenu seulement l'un par la force, l'autre par un reste d'esprit de vengeance qui diminuait tous les jours, se déclareraient en sa faveur le voyant faire la guerre avec avantage, lorsqu'il apprit l'arrivé de Thomas de Montagu, comte de Salisbury, à la tête d'une nouvelle armée.

Ce général, le plus fameux que les Anglais eussent alors, s'avançant avec son activité ordinaire jusque dans le cœur de la France, se rendit maître de toutes les places qui environnaient Orléans, et vint mettre le siège devant cette ville, une des plus considérables du royaume, et la première de celles que Charles avait dans son parti. L'inquiétude de ce prince fut égale au danger. La prise d'Orléans eût été la ruine de ses affaires; aussi ceux qui auparavant l'avaient accusé d'indolence, avouèrent qu'il ne négligea rien de ce qui pouvait le garantir de ce malheur.

Charles employa les pierres et les promesses; elles deviennent des bienfaits chez les rois, et c'étaient les seuls qu'on pût alors espérer de lui. Villars, gouverneur de Montargis, et le même qui s'y était distingué par une si belle défense, les seigneurs de Guitri et de Saintrailles, Giresine, chevalier de Rhodes, Coarèse, gentilhomme gascon, et Chapelet, gentilhomme de Beauce, s'étaient heureusement jetés dans la place. Ces braves méritent l'honneur d'être nommés; mais ils sont aussi redevables de leur grande réputation à l'occasion et à la faiblesse du parti de Charles qui permettait de connaître presque tous ceux qui le composaient. Cet avantage est considérable et détermine souvent à se ranger du côté des plus faibles, pour peu qu'il s'y trouve de sûreté.

Gaucour, gouverneur d'Orléans, en était la principale force, par son courage extrême et par un esprit fertile en expédients. Il fit assembler la garnison, et la trouvant

peu nombreuse, il arma les bourgeois, que les guerres ci-
viles du dernier règne avaient aguerris ; les malheurs de
Charles VI, servant en cette occasion à la défense de son
fils. Gaucour témoigna une grande confiance aux habitants,
il les mêla avec ses troupes réglées, autant pour en être
encouragées que pour les encourager.

Les femmes vinrent s'offrir pour aider aux travaux ;
elles traînaient des fardeaux immenses, apportaient des
pierres et des feux d'artifices, de l'eau bouillante, au travers des boulets de trois batteries qui tiraient continuellement contre le rempart. Ces préparatifs étaient pour
soutenir un assaut que les Anglais allaient donner. Leur
approche n'inspira point de crainte à ces femmes guer-
rières. Les plus faibles continuaient de fournir les armes
nécessaires à la défense ; les autres la lance à la main défendaient la brèche, et ne paraissaient pas les moins redoutables aux assaillants.

Ils furent repoussés ; mais les Anglais firent par le moyen
des mines écrouler tout le boulevard, et ayant attaqué les
tourelles commandant la ville ils s'y logèrent et bâtirent,
quatre forts, deux au-dessus et deux au-dessous de la
place, sur le bord de la Loire. Orléans était dans un grand
péril, et la résolution de ses braves défenseurs ne pouvait
plus leur servir qu'à s'ensevelir avec gloire sous ses ruines
lorsque le comte de Dunois arriva avec les seigneurs de
la Hire, de Chabannes et de Brosse, un grand nombre de
gentilshommes, et huit cents hommes.

Le comte de Dunois voulut apprendre lui-même son
arrivée aux Anglais, par une vigoureuse sortie qu'il fit sur
eux, et qui leur coûta beaucoup de monde. Ce général ne
leur donna aucun relâche pendant tout le mois d'octobre
qu'il pût passer la rivière, les eaux se trouvant très basses.
Mais ce qui causa beaucoup plus de joie aux assiégés que
les avantages remportés jusqu'alors, fut la mort du comte
de Salisbury, atteint à la tête d'un boulet de pierrier,
lorsque du haut d'une de ses tours il examinait la situation du terrain où il devait placer les renforts qui lui ar-
rivaient de toutes parts, pour ôter à Orléans la communication que cette ville avait conservée avec la Beauce. En

effet le secours attendu arriva peu de jours après, et la mort ne délivra les assiégés que du bon usage qu'il en aurait su faire.

Le comte de Suffolk, que le comte de Dunois avait déjà vaincu devant Montargis, le fameux Talbot, nommé avec raison l'Achille de l'Angleterre, et enfin Glaridas ou Claridas, plus considérable que tous les autres, en ce que sa haute valeur avait fait oublier le désavantage d'une naissance obscure, succédèrent au comte de Salisbury dans le commandement de l'armée anglaise.

Ce fut contre ces chefs renommés, que les Français dénués de troupes à proportion du besoin qu'ils en avaient, eurent à défendre une ville dont le comte de Salisbury avait déjà ruiné la meilleure partie des fortifications. Les assiégeants au contraire avaient considérablement augmenté les leurs, et élevé autour de la place un grand nombre de bastilles, dont les trois principales étaient nommées Paris, Londres, Rouen. Néanmoins l'amiral de Culant trouva moyen de passer à travers ces forteresses, et d'entrer dans la ville avec deux cents chevaux. Quelques jours après Gaucour y fit passer un convoi de vivres considérable, et trois cents hommes d'infanterie.

Ces succès qui semblaient mettre Orléans en sûreté, enflèrent le courage des généraux qui étaient restés auprès de Charles; et le comte de Clermont, ayant appris que deux mille cinq cents Anglais sous la conduite de Fastol étaient en marche avec un grand convoi pour leur camp, il prit des troupes, et fit avertir le comte de Dunois qui le vint joindre avec une grosse troupe de cavalerie, ayant avec lui l'amiral de Culant, Saintrailles, la Hire, etc., et pour son malheur Jean Stuart, connétable d'Écosse, et Guillaume Stuart, son frère. On atteignit les Anglais à RouvraiSaint-Denis.

Aussitôt que Fastol les eut aperçus, il mit les troupes en bon ordre; mais la supériorité des Français ne lui laissant voir qu'une défaite assurée s'il attendait leurs charges en rase campagne, il entreprit de rendre leur cavalerie inutile, en formant un retranchement de ses chariots, dont le nombre suffit à le couvrir entièrement. Le comte de Dunois et l'amiral de Culant voyant cette disposition, firent avancer quelques petites pièces d'artillerie pour abattre les chariots. Leur dessein était d'entrer ensuite par les ouvertures avec la cavalerie, et de passer sur le ventre aux Anglais. Mais le connétable d'Écosse et son frère, par cette jalousie de nation en tout temps si nuisible aux armées composées de différents peuples, vit à peine une ouverture qu'il crut indigne de sa valeur d'attendre un passage plus assuré. Ils crièrent de charger, et mettant pied à terre avec leurs Écossais, s'avancèrent fièrement vers les chariots.

Le comte de Dunois et les autres seigneurs français crurent leur honneur intéressé à les suivre et perdant ainsi l'avantage de la supériorité de leur cavalerie, ils allèrent à pied contre les Anglais. Ceux-ci les attendirent de pied ferme, et leurs archers les plus adroits de l'Europe, les ayant laissés venir à la demi-portée du trait, tirèrent avec tant de succès que presque tous leurs coups portèrent. Les Français s'ébranlèrent, et Fastol sortant tout à coup de ses retranchements l'épée et la hache à la main, donna avec tant de vigueur que tout fut renversé. Ce qui était resté de Français à cheval prirent honteusement la fuite, l'infanterie abandonnée la suivit, laissant avec les deux Stuarts, première cause de cette déroute, sept à huit cents hommes sur la place.

Le comte de Dunois, dangereusement blessé au pied, fit des prodiges pour rallier ses gens. Il savait quel serait le découragement des assiégés, s'il rentrait dans la ville mal accompagné. Le comte de Clermont se joignit à lui pour former une plus grosse troupe, et tous deux rentrèrent dans Orléans avec une contenance assurée, diminuant leur défaite et promettant aux bourgeois un secours assez puissant pour les délivrer de leurs ennemis. Charles ne se trouvait point alors en état de remplir cet engagement. Le défaut de finances avait causé la désertion parmi les troupes, et l'empêchait d'en assembler de nouvelles, ses fonds se trouvaient consommés par la prodigieuse quantité de munitions et de vivres dont il avait rempli Orléans; et cette place plus resserrée depuis la venue du printemps qui permettait aux Anglais de remuer la terre, avait plus besoin de secours et devait moins en attendre que jamais.

Gaucour encourageait les habitants, à qui l'histoire doit cette justice de répéter sans cesse à la postérité qu'on n'a jamais vu d'exemples d'un plus grand désintéressement, de plus de courage, de constance et de fidélité qu'ils en témoignèrent. De son côté le comte de Dunois pressait la cour, où il savait qu'on ne prenait point autant d'intérêt qu'il aurait été nécessaire à la conservation d'Orléans.

Le roi se trouvait fatigué de tant de soins. Quelques bons succès lui faisaient paraître les mauvais insupportables. Tel est quelquefois l'effet des disgrâces sur des âmes peu courageuses; non que Charles manquât de cette bravoure propre aux combats; mais il n'avait pas celle de l'esprit, et dans son découragement, il voulait, disait-il, sacrifier à son repos, ce que tous ses efforts et ses inquiétudes ne lui feraient perdre qu'un peu plus tard.

Pendant que Gaucour et Dunois, Saintrailles et la Hire étaient résolus et animaient le peuple à se sacrifier pour le salut d'Orléans, le roi assemblait son conseil pour y faire résoudre que l'on abandonnerait non seulement l'Orléanais, mais encore le Berri et la Touraine pour se cantonner dans le Languedoc, l'Auvergne et le Dauphiné, où il serait aisé de se défendre avec le secours du comte de Provence, beau-frère du roi, du duc de Savoie et du comte d'Armagnac.

Ce lâche conseil allait passer; mais deux femmes se trouvèrent plus de résolution que les courtisans qui environnaient le roi. La reine Marie d'Anjou, et Agnès Sorel, maîtresse de ce prince, lui représentèrent la honte qu'il y aurait à abandonner des provinces entières à des ennemis, qui sans doute ne s'en empareraient jamais, si on avait le courage de les défendre : et surtout à laisser à la discrétion des Anglais la haute noblesse enfermée dans Orléans, et des bourgeois qui témoignaient avec une fidélité extrême plus de courage qu'on en devait attendre de gens si aisément sacrifiés.

Quand le comte de Dunois et ses braves compagnons, eurent appris ce qui avait été résolu d'abord dans le conseil, ils en frémirent. Depuis six mois entiers ils combattaient nuit et jour, pour conserver une place qu'on se proposait de céder aux ennemis. Chacun d'eux sans exception avait répandu son sang dans l'espérance d'un succès glorieux, dont ils se voyaient sur le point d'être privés, par la faute de ceux mêmes qui se trouvaient éloignés du péril.

Dunois envoya à la cour. Le temps du besoin des rois est un temps de liberté. Le comte en profita pour faire entendre ses justes reproches et ceux de ses compagnons. Il fit craindre au roi les suites funestes des lâches conseils qu'on osait lui présenter, le mécontentement de la noblesse qui était en état de se livrer au roi d'Angleterre. On demanda même au roi s'il croyait que les provinces, où son dessein était de se réfugier, lui seraient plus attachés, et se croiraient plus obligées de soutenir ses intérêts, en lui voyant abandonner celles qui l'avaient défendu jusque-là avec tant de fidélité. Ces représentations touchèrent le roi; mais il fallut des motifs plus pressants pour le déterminer tout à fait.

Le duc d'Orléans était prisonnier des Anglais depuis la bataille d'Azincourt. Il avait obtenu du conseil d'Angleterre, qu'on n'attaquerait point pendant la prison les terres de son apanage; mais celui du duc de Bedford n'avait point voulu confirmer cet accommodement.

Le comte de Dunois crut devoir à ce sujet demander le secours du duc de Bourgogne, de qui la considération toucherait les Anglais, ou dont la fierté se choquant de leur refus, procurerait un avantage considérable aux affaires du roi en général et à la ville d'Orléans en particulier. Mais il fallait le déterminer à parler au duc de Bedford, en faveur du duc d'Orléans, et pour y réussir on ne jugea point qu'il y eût de moyen plus efficace que de joindre son intérêt à l'honneur de cette démarche.

Les plus considérables bourgeois d'Orléans, instruits par le comte de Dunois, se rendirent en Bourgogne, et n'osant s'adresser d'abord au duc, ils parlèrent à Jean de Luxembourg, favori de ce prince et ami du comte de Dunois. On lui rappela d'abord les anciennes liaisons qu'il

avait eues avec le duc d'Orléans, et le fait malheureux d'un
prince de ce rang retenu prisonnier depuis plusieurs
années. Ensuite les députés, faisant valoir leur extrême
confiance au duc de Bourgogne, lui offrirent de remettre
entre ses mains toutes les villes du duché d'Orléans jusqu'à
l'arrivée de son maître.

Le duc de Bourgogne n'avait jamais eu de ressentiment
contre le duc d'Orléans. Il lui devait au contraire des services, pour effacer, s'il était possible, le souvenir de la
mort cruelle de son père, qui était le crime du sien. Cette
raison, la voix du sang, celle de la patrie, le portèrent à
travailler vivement en sa faveur. Il proposa au duc de Bedford de lever le siège d'Orléans, et de remettre cette place
entre ses mains, promettant de lui faire observer une
exacte neutralité. Le fier Anglais n'ignorant pas l'éloignement que le duc témoignait depuis quelque temps pour sa
personne et pour les intérêts de sa nation, lui répondit
« vivement qu'il n'était pas d'humeur à battre les buissons,
pour laisser prendre aux autres les oiseaux ».

Le Bourguignon choqué accorda à son dépit ce qu'il
avait refusé jusque-là aux sollicitations du roi, de ses
alliés, et aux vœux de tous les peuples. Ses troupes
reçurent ordre de quitter le camp des Anglais devant
Orléans. La noblesse picarde et champenoise, suivant leur
exemple, emmenèrent avec eux ce qu'ils purent de soldats
de leurs provinces; en sorte que la place se trouva libre
du côté qu'ils occupaient.

Ce fut dans cet instant qu'on parla pour la première fois
à la cour de la célèbre paysanne, dite la Pucelle d'Orléans,
à cause des exploits qu'elle fit dans cette place. Elle était
de Domremy, petit village situé près de Vaucouleurs. Cette
fille, forte, robuste, d'une grande taille, d'un air fier et
masculin, était dans la vigueur de son âge, et dans le
temps où les esprits sont le plus violemment agités. Elle
avait dix-huit à dix-neuf ans. Ce qu'elle entendait dire du
siège d'Orléans, dont on parlait dans toute l'Europe, des
efforts de ses défenseurs, du danger qu'ils couraient,
de la férocité des Anglais, qui d'abord avaient fait la
guerre en barbares, inquiétait cette âme extraordinaire.

Un jour elle alla trouver le seigneur de Beaudricourt, gouverneur de Vaucouleurs, et lui dit : « Capitaine, messire,
» sachez que Dieu depuis aucun temps en çà, m'a plu-
» sieurs fois commandé que j'allasse devant le gentil dau-
» phin, qui doit être et est le véritable roi de France, et
» qu'il me baillât des gens d'armes, et que je lèverais le
» siège d'Orléans, et le mènerait sacrer à Reims. »

Baudricourt, n'ayant pour témoignage de cette mission
singulière, que l'assurance de celle même qui s'en disait
revêtue, la renvoya sans lui donner aucune réponse. Elle
se présenta une seconde fois à ses yeux. *En mon Dieu*, lui
dit cette fille, *vous mettez trop à m'envoyer : car aujour-*
d'hui le gentil dauphin, il était roi depuis sept années,
a eu assez près d'Orléans un bien grand dommage; et
sera-t-il encore taillé de l'avoir plus grand, si ne m'en-
voyez vers lui. Elle parlait du combat de Rouvrai-Saint-
Denis. Enfin Baudricourt craignant d'arrêter l'effet des
grâces du ciel sur la France, s'il retenait plus longtemps
Jeanne d'Arc, résolut de la faire partir et de l'envoyer à la
cour, persuadé que si le grand nombre blâmait d'abord
cette démarche, il se trouverait quelqu'un pour l'excuser
et pour protéger la Pucelle.

On lui fit donc faire un habit d'homme comme elle le
souhaitait : et dans cet équipage, qui scandalisa plusieurs,
elle arriva auprès de Charles, accompagnée de deux gentilshommes que Baudricourt lui avait donnés. Le roi était alors
à Chinon ; il ne voulut point paraître devant la Pucelle
avec aucune des marques de sa dignité ; et revêtu d'habits
fort simples, il se mêla sans distinction parmi ses courtisans. Mais ils étaient en petit nombre, et d'ailleurs l'habitude d'être les maîtres, imprime sur le front des rois un
caractère qu'on ne peut méconnaître.

La Pucelle s'adressa d'abord à Charles, lui fit un compliment simple, mais de bon sens, et fut ensuite remise
entre les mains des docteurs en théologie, chargés d'examiner d'où provenaient les lumières extraordinaires dont
elle se disait douée. Leur réponse lui fut favorable. D'ailleurs elle ne demandait rien qui pût préjudicier à l'État.
Ses mœurs étaient pures, on ne disputait point alors en

France sur la religion, aucun parti que celui des gens difficiles à persuader, ne pouvait lui être contraire. On consentit donc à lui laisser exercer sa mission, et dès lors le roi lui donna un équipage, des armes, un écuyer, un page, et deux valets. Elle envoya chercher une épée qui était à Sainte-Catherine de Fierbois, et s'en servit jusqu'à ce que s'étant brisée dans un combat, elle en prit une autre qu'on voit aujourd'hui à Saint-Denis.

La Pucelle armée de pied en cap, fit briller aux yeux de toute la cour son adresse et sa force à manier un cheval et la lance. Enfin munie d'un étendard blanc orné de franges de soie, où l'on avait représenté Dieu tenant à la main le globe du monde, deux anges aux côtés avec les noms de Jésus et de Marie, elle partit sous la conduite des seigneurs de Rais et de Lore, pour se rendre à Blois où Charles avait ordonné l'assemblée de ses troupes.

La Pucelle fit écrire en même temps aux généraux anglais, qu'ils eussent à se retirer de devant Orléans, dont le ciel l'avait nommée libératrice; les avertissant que s'ils n'obéissaient en quittant au plustôt la France, ils feraient l'exemple d'un châtiment terrible. Le dessus de la lettre était ainsi : *Entendez les nouvelles de Dieu et de la Pucelle, au duc de Bedford, qui se dit régent de France pour le roi d'Angleterre.* Cette lettre fut reçue des Anglais comme elle le serait aujourd'hui; et les ennemis s'attachèrent à ridiculiser la crédulité de Charles, et le genre de secours qu'il employait pour le rétablissement de ses affaires.

Le comte de Dunois était bien averti de ce qui se passait à la cour. Il apprit aux Orléanais surpris qu'une fille envoyée de Dieu allait venir pour délivrer leur ville. On raconta ce qu'elle avait fait de surprenant, comme de connaître le roi sans l'avoir jamais vu, de lui avoir dit un secret qu'il n'avait jamais révélé, etc. Le peuple prit feu à cette nouvelle, son courage redoubla, et il attendit avec impatience le convoi que lui devait amener la Pucelle.

Cette fille, étant prête à partir, ordonna une confession générale aux soldats qui lui obéirent. On chassa par ses ordres toutes les femmes de mauvaise vie qui étaient dans l'armée, qui se mit en marche forte de douze mille hommes, guidée par les inspirations de la Pucelle, et par les ordres des seigneurs de Rais, de Sainte-Sévère, de Gaucourt, sortis de la place pour être témoins des prodiges qu'on lui vantait, de l'amiral de Culant, et d'un grand nombre d'autres personnes de qualité.

La Pucelle décida qu'il fallait entrer par la Beauce; mais le comte de Dunois avait jugé qu'on devait venir par la Sologne, ce côté étant bien moins défendu que l'autre, et l'on avait préféré le conseil de ce sage capitaine. Florentin d'Illiers, gouverneur de Châteaudun, prit les devants avec quatre cents lances, et entra heureusement dans la ville, où il apprit que la Pucelle et un grand convoi arriveraient le lendemain. Cette nouvelle inspira tant de joie aux habitants, que par reconnaissance ils donnèrent à une de leurs rues le nom d'Illiers qu'elle porte encore aujourd'hui.

Le comte de Dunois, averti de l'approche du convoi, fit une sortie sur les Anglais du côté de la Beauce, afin qu'ils ne pussent envoyer du secours vers la Sologne. Un grand nombre de bateaux s'étaient tenus prêts, ils reçurent le convoi, et la Pucelle y descendit elle-même. Ce fut là que le comte de Dunois, n'ayant plus rien à craindre des ennemis, se rendit pour la voir. Elle le reçut avec respect, et lui reprocha néanmoins de ce qu'il avait voulu que le convoi passât par la Sologne, protestant qu'il serait entré de même par la Beauce.

La guerrière avait d'abord annoncé qu'elle tiendrait la campagne; mais, s'étant rendue aux instantes prières des habitants, elle entra dans la ville. Sa présence et l'arrivée d'un second convoi par la Beauce, inspira tant de résolution aux assiégés qu'ils demandèrent à grands cris d'être menés contre les bastilles des Anglais, que jusque-là on n'avait osé attaquer. Leur ardeur fut trop écoutée; on alla insulter la bastille de Saint-Loup; mais, après avoir vu périr un grand nombre de soldats, les assaillants se retirèrent très maltraités.

La Pucelle et le comte de Dunois, avertis de cet accident, e mirent à la tête de nouvelles troupes, firent recommencer l'assaut, et la bastille fut emportée. La Pucelle voulait aller du même pas attaquer celle de Saint-Laurens ; mais les généraux, voyant leurs soldats fatigués, s'y opposèrent. On ne put l'empêcher d'entreprendre cette expédition peu de jours après. D'abord les Anglais mirent les troupes en fuite, et elle-même, blessée au pied d'une chausse-trappe, fut obligée de se retirer emportant son étendard.

Le comte de Dunois accourut aussitôt à son secours avec des troupes fraîches, et, suivi des plus braves de sa garnison, donna un nouvel assaut à la bastille des Augustins qu'il emporta. Enfin la garnison s'étant ainsi emparée des tourelles, et ayant fait prisonniers la plupart des Anglais qui les gardaient ; Talbot, le comte de Suffolk, et d'Escalles, résolurent de lever le siège pour conserver les restes de l'armée anglaise. Ainsi, après un siège de sept mois, le plus célèbre qui se fût vu jusque-là en Europe, Orléans se vit délivrée de ses ennemis par la valeur du comte de Dunois, et les autres chefs, parmi lesquels on peut compter la Pucelle, et aussi par la fermeté inébranlable de ses courageux habitants.

La Pucelle, à qui l'on donna le surnom glorieux d'Orléans, alla deux jours après trouver le roi à Chinon. Ce prince la reçut avec beaucoup d'honneur, et satisfit le peuple en disant qu'il reconnaissait lui devoir le bonheur de ses armes. Cependant il fit de grandes caresses au comte de Dunois, et le duc d'Alençon étant revenu, après avoir payé sa rançon aux Anglais dont il était prisonnier, fut chargé avec lui de seconder la Pucelle à qui l'on donna une armée ; et depuis ce moment les troupes françaises, ayant repris leur première audace, se mirent en possession de battre partout les ennemis.

Le duc d'Alençon et le comte de Dunois allèrent mettre le siège devant Beaugenci qu'ils prirent, et ayant eu avis, que les troupes anglaises commandées par Talbot, Scales et Fastol, venaient au secours de la place. Il fut résolu de marcher à eux, et on les atteignit près du village de Satai. Là, le comte de Dunois, reconnaissant Fastol qui l'avait vaincu à la journée des Harengs, s'attacha à lui, et le poussa avec tant de vigueur que l'Anglais, ne pouvant se reconnaître, prit la fuite avec sa troupe, le reste de l'armée suivit son exemple. Talbot et Scales furent pris, et plus de deux mille de leurs soldats furent tués sur la place. Cette victoire dont on fut principalement redevable au comte de Dunois le couvrit de gloire, et causa la perte de Fastol, qui semblait être devenu son ennemi particulier. La cour d'Angleterre le rendit responsable du mauvais succès, et lui ôta l'ordre de la Jarretière.

Le roi, qui jusque-là s'était tenu enfermé dans les Provinces au delà de la Loire, se mit à la tête de son armée. Le seul bruit de son nom y attira une multitude de noblesse, à qui l'on doit cet éloge qu'en tout temps elle a exposé ses biens et sa vie pour le service de ses souverains. On s'empara sans peine des petites places qui se trouvèrent depuis Blois jusqu'à Reims, la plupart renfermant un grand nombre de partisans du roi. Troyes se rendit comme les autres places; et le roi, contre ce qu'il avait osé espérer de plus flatteur peu de mois auparavant, se vit sacré à Reims le 8 juillet. La Pucelle, qui s'était tenue auprès du roi son étendard à la main pendant la cérémonie, se jeta ensuite à ses pieds : « *Enfin, gentil roi,* lui dit-elle, *or est exécuté le plaisir de Dieu, qui voulait que vous vinssiez à Rheims, recevoir votre digne sacre ; en montrant que vous êtes vrai roi, et celui auquel le royaume doit appartenir.* »

La cérémonie du sacre, ainsi que l'avaient prévu les plus éclairés du conseil de Charles, fut suivie de la reddition d'un grand nombre de places. La Champagne se vit presque absolument délivrée de la domination des Anglais et les Bourguignons, et le duc de Bedford eut assez de peine à conserver Paris. Ce fut alors que la Pucelle, pleurant de joie, dit au comte de Dunois qu'elle n'aurait plus désormais de regret de mourir, et le pria d'obtenir du roi la permission de se retirer dans son village, pour y vivre suivant sa condition. Mais ce seigneur lui conseilla de suivre l'armée, ce qu'elle fit.

On avait commencé à traiter avec le duc de Bourgogne; et ce prince, d'autant plus mécontent des Anglais qu'ils lui donnaient en effet de nouveaux sujets de plaintes, gagné d'ailleurs par Jean de Luxembourg et le seigneur de

Charni ses favoris, partisans de Charles, fit espérer à ce prince un prompt accommodement, et se rendit auprès du duc de Bedford à dessein de rompre avec lui. Mais ce dernier lui était trop supérieur en génie pour ne pas l'emporter sur ses résolutions. Et cédant à ce prince son titre de régent, dont il avait été jusque-là si jaloux, il obtint de lui la ratification de tous les anciens traités, et se flatta de l'avoir rendu irréconciliable avec Charles en lui donnant la Champagne et la Brie, dont les Bourguignons pensèrent aussitôt à se mettre en possession; mais les ennemis, ayant mis le siége devant Compiègne, furent obligés de le lever sans avoir remporté d'autre avantage que la prise de la Pucelle, que les Anglais firent brûler à Rouen.

Le comte de Dunois forma des entreprises plus heureuses; de concert avec d'Illiers, de Gaucourt, la Hire, Étouteville, et quelques autres, ils se servirent de deux bourgeois de la ville de Chartres, l'un nommé Jean Conseil, l'autre le petit Guillemin, pour surprendre cette ville. Ils étaient prisonniers, on les délivra, et étant rentrés dans Chartres, ces bourgeois s'adressèrent à un fameux prédicateur de l'ordre de saint Dominique, qui avait un grand crédit sur l'esprit des habitants et qu'ils couraient entendre en foule en quelque lieu qu'il prêchât. Les deux bourgeois lui firent de grandes promesses de la part du comte de Dunois, et l'engagèrent à le seconder. Ce religieux leur promit donc de prêcher à un jour nommé à l'extrémité de la ville opposée à celle que le comte attaquerait.

Dunois, ayant cette promesse, s'avança la nuit du jour marqué, 20 avril, jusqu'à un quart de lieue de Chartres à la tête de quatre mille hommes. D'Illiers s'approcha sans bruit de la porte qui est du côté de Blois avec cent vingt soldats; et, à la pointe du jour, on vit paraître les deux bourgeois gagnés avec plusieurs charrettes chargées de différentes marchandises, et conduites par plusieurs des plus braves soldats de l'armée qui s'étaient déguisés en voituriers.

Ces charrettes s'arrêtèrent sous la porte, et alors plusieurs conducteurs, tombant sur la garde surprise, en tuèrent une partie et mirent le reste en fuite. D'Illiers accourut aussitôt et entra dans la ville en bon ordre, pendant que le comte de Dunois, averti du succès, venait au grand galop pour l'assurer. Ils eurent le temps de se saisir des principaux endroits de la ville avant que les bourgeois fussent avertis, le dominicain les tenant tous assemblés à l'autre bout de la ville où il prêchait.

Cependant l'évêque nommé Jean de Fetigny, né sujet du duc de Bourgogne, et partisan déclaré de ce prince, prit les armes, suivi d'abord de quelques prêtres, et enfin des bourgeois qui se rassemblaient au son d'une cloche. D'Illiers, pour arrêter la multitude, envoya ses gens par petites troupes dans les différentes rues de la ville : ils tuaient ou dispersaient le peuple, et les empêchaient d'aller au secours de l'évêque, qui continuait de combattre le comte de Dunois avec les soldats anglais et bourguignons qui avaient pu le joindre. Ce prélat, si on peut donner ce titre à un homme armé, se défendait avec une valeur extrême; enfin, voyant que ses efforts ne pouvaient lui donner la victoire, il ne voulut point voir celle de ses ennemis, et se fit tuer. Sa mort mit en fuite en un moment ceux qui avaient si courageusement combattu avec lui ; et Gilles de l'Aubespin, gouverneur de la place, quoique suivi de six cents hommes, ne parut ensuite à leur tête que pour se rendre en corps au vainqueur.

Le comte de Dunois fit exactement visiter tous les quartiers de peur de surprise, et n'en ayant point à craindre il abandonna la ville au pillage. De Chartres conquise, le comte de Dunois marcha au secours de Lagny, que le duc de Bedford assiégeait en personne, pour ouvrir la Marne aux assiégeants. Lagny, devenu village depuis ce temps-là, était dès lors une très petite ville, et une fort mauvaise place. Elle n'était considérable que par le courage et l'expérience de son gouverneur, nommé Jean Foucaut.

Ce gentilhomme, continuellement attentif à ce qui se passait aux environs de sa place et sur la rivière, rendait inutiles les projets des Parisiens, et mettait la disette dans leur ville en arrêtant tous les convois. Le peuple murmurait hautement contre le duc de Bedford, qui, se qualifiant régent de France, n'était pas seulement le maître des villages, et des mauvaises places qui environnaient la capitale. Les murmures d'une multitude nombreuse sont des menaces redoutables.

Bedford voulut la satisfaire, et alla mettre lui-même le siège devant Lagny. Jean Foucaut se montra plus sensible à cet honneur qu'au danger, et envoyant complimenter le duc de Bedford, il assura à ce prince qu'il tâcherait, par la défense la plus vigoureuse, de se rendre digne d'un aussi illustre ennemi.

Le duc le fit attaquer régulièrement, et en même temps avec toute la vivacité possible, dans l'espérance de l'emporter en peu de jours. A peine trouvait-il des murailles; mais à leur place se montraient des hommes déterminés, contre qui la sape et la mine ne pouvaient rien. Cependant, comme il n'est pas possible à une garnison de faire plus que se conserver longtemps, le gouverneur envoya vers le comte de Dunois, en qui les gens de guerre avaient mis toute leur confiance.

Ce prince (car il avait déjà mérité par ses services et sa vertu ce titre auguste, que le roi et la nation lui décernèrent quelque temps après), dans le temps de ses expéditions ou de son repos, était également environné de la plus brave noblesse du royaume, ce qui lui formait un corps toujours prêt à marcher. Il fit venir quelques troupes, et, accompagné du maréchal de Rais, marcha droit à Lagny, dans le dessein d'y faire entrer un grand convoi de vivres, en attendant que de nouvelles forces le missent en état de combattre les ennemis.

Au signal du comte en approchant de Lagny, Foucaut fit une sortie sur un quartier des Anglais; le secours les prenant en même temps à dos, ils plièrent, et le duc de Bedford accourut; mais sa présence ni le nombre de ses troupes n'empêchèrent point que le convoi n'entrât sous la conduite de Gaucourt. Dunois satisfait remonta le long des rivages de la Marne, et, pour donner de l'inquiétude au duc de Bedford, fit jeter un pont à la Ferté-sous-Jouarre pour passer cette rivière. A la promptitude de sa marche vers Paris, le duc de Bedford craignit qu'il n'eût quelque intelligence dans cette ville, et de sa conservation dépendant la fortune des Anglais en France, il leva brusquement le siège, laissant une partie de ses bagages et de son canon.

Ce mauvais succès diminua beaucoup le crédit des Anglais, même parmi les Bourguignons leurs alliés, et il fut comme le présage de la ruine prochaine de leurs affaires en France. La noblesse, qui d'abord s'était laissée emporter au torrent de leur fortune, changea avec elle, et on la vit en plusieurs provinces former des associations, non seulement contre ces ennemis étrangers, mais encore contre le duc de Bourgogne, que cette noblesse avait regardé jusque-là comme son protecteur.

Leur exemple fut suivi par les peuples qui se révoltèrent en plusieurs endroits, et surtout en Normandie dont les Anglais se croyaient les plus assurés. On vit dans cette province jusqu'à soixante-dix mille hommes armés contre eux, et protégés par Charles; mais la grandeur de ce corps fut la première cause de sa dispersion. Ils s'étaient assemblés pour avoir des vivres, et leur inaction laissant les terres infertiles, ce qui se trouva recueilli fut bientôt consumé. On se dispersa, et la troupe, considérablement diminuée, devint l'objet de la vengeance des Anglais, qui en firent périr une grande partie.

L'Europe, attentive à la querelle de ses deux premières puissances, semblait n'oser y prendre part; et ses différents princes ne témoignaient que par des vœux l'intérêt qui les attachait à l'un ou l'autre des concurrents. Le concile de Bâle seul, assemblé depuis si longtemps, crut devoir entreprendre de procurer la paix au monde chrétien. Il envoya vers les deux rois, et ses ministres, beaucoup mieux disposés pour Charles, dont on reconnaissait hautement le droit légitime, s'attachèrent sur toutes choses à le réconcilier avec le duc de Bourgogne, certain que les Anglais, privés du secours de ce prince, seraient bientôt forcés d'accepter la paix.

On convint de s'assembler à Arras; les deux rois y envoyèrent des ambassadeurs, et le duc s'y rendit lui-même. On sera peut-être surpris de ne point voir le comte de Dunois employé dans une circonstance aussi glorieuse ; mais ayant après le connétable, et souvent même plus que lui, le commandement des armées, il ne pouvait en abandonner la conduite sans en arrêter les progrès ; ce prince était sans cesse occupé à des expéditions militaires, et travaillait plus que les plénipotentiaires mêmes à hâter la conclusion de la paix, en triomphant des ennemis à la guerre.

Les conditions des Anglais furent d'abord proposées dans l'assemblée d'Arras ; elles étaient exorbitantes, et on les rejeta absolument. Il ne resta plus à traiter qu'avec le duc de Bourgogne ; et, les circonstances le voulant ainsi, on reçut la loi de ce prince, à qui Charles céda un tiers de ce qu'il possédait en France, pour conserver le reste et recouvrer ce qui avait été usurpé par les Anglais. Ce traité conclu à Arras fut regardé par le concile de Bâle comme l'ouvrage le plus essentiel au bien de la chrétienté, et par le duc de Bourgogne comme la preuve la plus authentique qu'il pouvait laisser à la postérité de sa puissance et de sa gloire.

Les Anglais éclatèrent contre ce prince, à qui ils reprochaient sa réconciliation avec Charles comme une désertion criminelle du parti de Henri, son souverain légitime. On dit même que ce jeune monarque ayant reçu une lettre du duc de Bourgogne dans laquelle il avait supprimé le titre de *mon redouté seigneur*, qu'il lui donnait autrefois comme son vassal, il ne put s'empêcher de répandre des larmes, en s'écriant que la rébellion du duc allait donner à la France la fortune de l'Angleterre.

Le duc de Bedford observa une conduite plus fière, et, sur ce que le duc de Bourgogne s'offrit pour médiateur entre Henri et Charles, le régent lui fit répondre que les Anglais ses protecteurs, et les vengeurs de son père, n'avaient point besoin de son secours pour faire la guerre ni la paix. En même temps ce prince entreprit de nouvelles expéditions, et paraissant s'inquiéter peu des progrès du comte de Dunois en Normandie, il alla mettre le siège devant Saint-Denis que défendait en personne le maréchal de Rieux avec Jean Foucaut et quelques autres fameux

capitaines. Ils firent une résistance digne de leur courage
et de leur réputation; mais le comte de Dunois accourut
à leur secours. Ayant jugé qu'il était impossible de forcer
les Anglais à lever le siège, ils se rendirent, au grand
regret du comte et du connétable, qui voyaient Paris
devenu libre de ce côté-là, et plus éloigné de se soumettre; mais cette perte fut compensée par la surprise de
Pontoise dont le seigneur de l'Isle-Adam, un des favoris
du duc de Bourgogne, s'empara. Le roi, pour se l'attacher,
lui donna le gouvernement de cette place, et l'honora de la
dignité de maréchal de France.

Le comte de Dunois, cependant, parcourait l'Ile de
France à la tête d'un petit corps de troupes choisies. Le
connétable ne s'éloignait non plus que lui de la capitale,
où ils entretenaient tous deux depuis longtemps des intelligences. Ayant reçu des nouvelles certaines de leurs
partisans, ces deux princes se rendirent à Lagny, où ils se
trouvèrent à la tête de six mille hommes. Le connétable
alla ensuite à Pontoise toujours avec le comte de Dunois,
qui précédait pour le commandement des armées le comte
de Vendôme et le duc de Bourbon, arrivés depuis peu
pour avoir part à la gloire de cette expédition, ainsi que
les seigneurs de l'Isle-Adam, de Varembon, de Ternan, et
de Lalain.

On peut voir dans l'histoire générale, et en beaucoup
d'autres endroits non suspects, le détail de ce qui se passa
à la reddition de Paris, mais comme le comte de Dunois
eut une part considérable à cet heureux événement. Je
crois pouvoir le répéter, et aussi pour faire connaître avec
quelle facilité le roi se rendit maître par le moyen des
promesses et de la persuasion, par la sage conduite de ses
généraux, qui ménageaient partout les Parisiens; par ce
qu'il sut lui-même acquérir de réputation, de valeur, de
justice, et de bonté, par quelle facilité, dis-je, il s'empara
de la capitale, la plus grande ville de l'Europe, et contre
laquelle ce prince aurait inutilement employé le double
des troupes qu'il lui était possible de mettre sur pied. Un
roi maître des cœurs l'est bientôt des villes qu'il veut
soumettre.

Les principaux partisans de Charles étaient à Paris, Michel Laillier, Jean de la Fontaine, Pierre de Lancres, Thomas Pigache, Nicolas de Louviers et Jacques de Bergerics, n'avaient osé se déclarer pendant que ce prince plongé à Bourges dans l'inaction, lorsque la mauvaise situation de ses finances ne lui permettait pas de s'occuper des plaisirs, s'était montré peu digne de parvenir par son courage au rang où sa naissance l'avait appelé, et d'où la fortune s'efforçait de l'éloigner; mais aussitôt que ce prince, réveillé par les conseils du connétable et du comte de Dunois, eut montré les vertus d'un grand roi, on s'empressa de lui donner des sujets; et ses partisans, ayant alors à citer de belles actions, parlèrent en sa faveur, firent comprendre ce que l'on avait à attendre de sa bonté, ou à craindre de son ressentiment. Faisant ensuite valoir l'avantage de sa modération sur la dureté des Anglais ils virent naître de tous côtés le désir de vivre sous ses lois. Tel fut bientôt le sentiment public, que rentrer sous la dénomination et secouer le joug des Anglais était quitter des maîtres rigoureux pour revenir sous l'autorité paternelle. Ce sentiment si doux et le premier qui ait fait les rois, rendit Paris à Charles, et les Anglais reconnurent qu'un gouvernement tyrannique occasionne tôt ou tard la perte de son auteur.

Le connétable, le comte de Dunois et leurs troupes s'avancèrent jusqu'auprès des Chartreux, où ils étaient à la pointe du jour. Là ils attendirent des nouvelles des bourgeois affidés. La première qu'on leur donna fut que les Anglais paraissaient avoir découvert le secret. Le connétable ne se rebuta pas, et avança jusqu'à la porte de la ville qu'il trouva fermée. Il envoya à celle de Saint-Michel, et alors un homme qui était sur le haut de cette porte leur cria : « *Cette porte n'ouvre point ; allez à la porte Saint-Jacques : on besogne pour vous aux Halles.* » On courut aussitôt à la porte Saint-Jacques, et après que le connétable eut renouvelé l'assurance d'une amitié générale, on fit descendre une grande échelle de dessus la muraille, et la planche qui fermait la poterne du côté de la grande porte fut abattue.

Pendant qu'on s'empressait pour entrer, le maréchal de Lisle-Adam demanda et obtint l'honneur de monter le premier sur la muraille, ainsi qu'il avait fait sous le règne précédent, lorsqu'au malheur de la France il avait livré Paris aux Bourguignons. Aussitôt que ce seigneur vit le connétable, le comte de Dunois, et une partie de leurs troupes dans Paris, il arbora l'Étendard royal et cria : « *Ville gagnée.* »

Pendant que les Anglais et quelques bourgeois couraient aux armes, les plus considérables d'entre les habitants vinrent se joindre aux troupes du roi, et la multitude chez qui tout est passion, pousse de rue en rue la garnison anglaise jusqu'à la Bastille, en criant vive le roi, et le duc de Bourgogne. Paris manquait de vivres lors de l'arrivée des troupes du roi; le lendemain le blé y fut à prix très bas, par le soin qu'on avait eu de tenir une grande quantité de bateaux tout prêts au-dessus et au-dessous de la ville. Le garant le plus sûr de l'affection et de la fidélité du peuple, est l'abondance.

Charles, se voyant enfin maître de Paris, parut plus digne que jamais de sa fortune, et entrant en bon prince dans la situation de ses sujets, il voulut en quelque sorte mériter la bonne volonté qu'ils lui témoignaient par quelques marques de retour. Montereau-Faut-Yonne occupée par les Anglais, incommodant beaucoup la capitale, le roi voulut faire en personne le siège de cette place; et ayant appelé le comte de Dunois et le connétable il parut enfin devant cette ville, sur le pont duquel avaient commencé tous ses malheurs.

Au bout de huit jours on donna un assaut furieux. Le roi voulut en être; ayant le comte de Dunois à son côté, il passa avec lui le fossé ayant de l'eau jusqu'à la ceinture, appliqua une échelle sur la muraille, y monta l'épée à la main, et sauta un des premiers sur le rempart. On a peu vu d'exemples de rois repoussés d'une ville où ils entraient de la sorte; en un instant les murailles furent couvertes de soldats français, et la place fut emportée, ainsi que le château peu de jours après.

Le roi, ayant vu de plus près que jamais le courage et le zèle du comte de Dunois, commença à le récompenser en lui donnant le gouvernement de la ville conquise, et l'ordre de le suivre à son entrée à Paris, dont il prit la route sur-le-champ. Ce prince voulut s'y faire voir avec cette pompe et cette magnificence que le peuple suppose toujours autour des rois, et qu'il n'aurait pu leur montrer peu de temps auparavant. On voyait alors à sa cour Louis, dauphin, son fils aîné, Charles d'Anjou, prince de son sang et frère de la reine, les comtes de la Marche, de Vendôme, de Vertus, et de Dunois, le connétable, Christophe d'Harcourt, et un grand nombre de seigneurs les plus qualifiés du royaume.

Il arriva à Saint-Denis avec ce brillant cortège, et s'avança jusqu'à la Chapelle, où le prévôt des marchands et les échevins vinrent lui présenter le dais et les clefs de la ville. L'évêque de Paris parut ensuite à la tête de son clergé. Le Parlement, la chambre des Comptes, et l'Université le haranguèrent au même endroit. Le roi entra avec peine dans Paris à cause de la multitude de peuple, dont le nombre et les cris le fatiguaient extrêmement.

A la tête de la marche était le seigneur de Graville, suivi de huit cents archers. On voyait après ceux de Charles d'Anjou, et les archers du corps, qui ne formaient qu'une troupe avec les hérauts d'armes des princes du sang et des princes étrangers, tous revêtus de riches cottes d'armes ornées des écussons de leur maître. Le grand écuyer paraissait portant au bout d'une lance le casque du roi chargé d'une couronne, et surmontée d'une double fleur de lis d'or.

Il avait à ses côtés quatre chevaliers richement parés ; suivait le roi d'armes, portant la cotte d'armes royale de velours bleu avec l'écusson de France. Les fleurs de lis qui le formaient étaient relevées par les bords de très grosses perles. Le second écuyer portait l'épée royale toute chargée de fleurs de lis d'or. C'était ordinairement la fonction du connétable ; mais il se tint pendant toute la marche à la droite du roi, ayant à la main le bâton du commandement. Ce prince était entre ce seigneur et le comte de Vendôme armé de toutes pièces.

Le dauphin venait après lui, entre Charles d'Anjou et le

comte de la Marche. Un gros de courtisans environnaient le roi et le dauphin, que suivaient une troupe de pages de la maison du roi, des princes et des seigneurs revêtus de riches livrées. Le comte de Dunois, à la tête de huit cents lances, fermait la marche. Il était orné d'une chaîne d'or mêlée de feuillages, représentant des feuilles de chêne. Elle pesait vingt-cinq livres, ce qui, avec ses armes, son bâton de commandement et ses habits, devait former un poids considérable ; mais telle était la manière de ce temps-là de s'accabler d'ornements. Avant lui, marchait son écuyer une lance de vermeil à la main, au bout de laquelle pendait son étendard. Les Parisiens regardèrent cette pompe avec de grands transports de joie, et pendant plusieurs jours on ne vit que des fêtes et des spectacles.

Au milieu de ces réjouissances publiques, le comte de Dunois conservait un fonds de tristesse, que les bontés du roi, et les éloges de la cour ne pouvaient dissiper. Il aimait tendrement sa famille et déplorait le sort du duc d'Orléans, retenu prisonnier depuis plusieurs années. Il avait combattu, pris des villes, gagné des batailles, assuré le trône de son roi ; et le prix le plus flatteur qu'il désirait de ses services était la liberté du chef de sa maison.

Le comte fit à ce sujet de fortes représentations au roi. Le duc d'Orléans s'était perdu en combattant pour ses intérêts ; il était le premier prince de son sang, et pendant le traité d'Arras il avait eu la générosité de conseiller de rompre avec les Anglais, plutôt que de leur rien sacrifier en sa faveur ; enfin on le devait à l'État. Charles écouta le comte de Dunois ; et principalement à sa considération, il écouta aussi les propositions que lui fit faire Isabeau de Portugal, femme du duc de Bourgogne et parente du roi d'Angleterre, par sa mère, qui était Lancastre.

On convint de tenir des conférences pour la paix dans un lieu nommé Oye, entre Gravelines et Calais. La duchesse de Bourgogne s'y rendit en personne comme médiatrice. D'une part parurent le comte de Dunois, l'archevêque de Reims, chancelier de France, le comte de Vendôme, et quelques autres seigneurs ; de l'autre le cardinal

de Veincestre suivi d'un nombreux cortège. Le comte de
Dunois avait fait de si vives instances qu'enfin les Anglais
avaient permis au duc d'Orléans de sortir de leur île et de
se trouver aux conférences, dont sa liberté était en partie
l'objet.

Ce fut là que le comte de Dunois le revit pour la première
fois depuis la bataille d'Azincourt. Ce n'étaient point la
préférence ni les bienfaits de ce malheureux prince, mais
le devoir et la nature qui avaient mis dans le cœur du
comte les sentiments d'affection qu'il témoignait pour lui.
Le duc d'Orléans ne parut point en captif à ses conférences,
et quoique partie intéressée, on lui donna la qualité de
médiateur.

On fit de part et d'autre différentes propositions, et le
duc d'Orléans, secondé de tout le crédit du comte de Dunois,
appuyait fortement les siennes, et la duchesse de Bourgogne se déclarait en sa faveur; mais les Anglais persistant
à vouloir conserver les armes de France, et à refuser
l'hommage des terres qu'ils possédaient en ce royaume,
on rompit les conférences, sans que Charles VII voulût
écouter de nouvelles propositions que voulait faire la duchesse de Bourgogne. Le duc d'Orléans fut obligé de retourner dans sa prison d'Angleterre, et le comte de Dunois
le quitta pénétré de douleur, en jurant aux Anglais une
haine immortelle.

Ce seigneur revint à la cour très mécontent du peu d'é-
gards qu'on avait eu pour les propositions du duc d'Orléans.
Il s'en prenait surtout au connétable, qui depuis son retour
auprès du roi s'était en quelque sorte rendu maître du
conseil de ce prince. D'ailleurs, depuis longtemps le connétable excitait la jalousie du comte de Dunois. Inférieur à
lui pour le nombre des services, il était son supérieur en
dignité, et cet avantage devenait dangereux entre les mains
d'un homme aussi fier qu'Arthur de Bretagne. Le roi les
avait souvent mis ensemble à la tête des mêmes armées, et
cette espèce de concurrence était un chemin ouvert à une
inimitié déclarée.

Souvent le comte de Dunois avait eu envie de manifester la
sienne avec éclat; mais le seigneur de Chabannes, un de ses

confidents, était venu à bout de l'en détourner, en lui représentant qu'une rupture entre les deux plus grands capitaines, et les deux hommes les plus autorisés du royaume,
ne pourrait qu'entraîner beaucoup de désordre; plus aigri
que jamais, par le traitement que venait de recevoir le duc
d'Orléans, il ne voulait plus entendre parler de ménagement, et se lia avec le seigneur de la Tremouille ennemi
implacable du connétable, qui lui avait fait souffrir une
longue prison.

Le comte, ayant achevé de prendre avec lui des sentiments de haine et de vengeance, songea aux moyens de les
manifester avec succès. Sa profonde sagesse, la froideur
de son tempérament, semblèrent l'avoir quitté en même
temps. Il ne vit pas que confondre le roi et l'État dans
son ressentiment était ce même crime qu'il avait blâmé
et tenté de punir souvent dans le duc de Bourgogne, quoique ce dernier fût excité par de bien plus puissants motifs.
Son dessein, disait-il, n'était pas de prendre les armes
contre son roi, mais d'obliger de mauvais ministres à laisser
régner la liberté dans le conseil de ce prince.

Ce prétexte est celui de tous les rebelles; la conduite du
comte de Dunois peut laisser juger s'il a été à cet égard
plus sincère que les autres. On le reconnut à la force du
parti qu'il forma. Les ducs d'Alençon et de Bourbon, le
comte de Vendôme, princes du sang, plusieurs gouverneurs
de provinces, le seigneur de Chabannes, et enfin le dauphin
lui-même se trouvèrent dans son parti. Ce qu'il avait remarqué d'ambition dans ce jeune prince l'avait assuré de
son consentement; mais pour le déterminer à une décla-
ration publique, et il envoya le bâtard de Bourbon, avec
les Seigneurs de Chaumont, Boucicaut, et Sanglier.

Le Dauphin était à Niort, où son humeur sombre et mélancolique lui permettait peu de songer aux plaisirs, il
pensait aux moyens de s'employer dans les affaires, et surtout de se délivrer du comte de la Marche son gouverneur,
dont l'esprit froid, sec, et, austère, lui était devenu insupportable. Les députés du comte de Dunois venaient lui
offrir ces choses; il accepta toutes les conditions qui lui
furent proposées, et, ayant donné sa parole, le duc d'Alen-

çon se déclarant le premier vint à Niort bien accompagné, et obligea le comte de la Marche d'en sortir.

Charles ne pouvait, dans les circonstances où il se trouvait, rien apprendre de plus fâcheux que la révolte des princes, de son propre fils, et surtout du comte de Dunois, de qui l'expérience, la valeur, et le crédit équivalaient à tous les titres. Le roi savait qu'un homme mûr et sage comme celui-là ne se portait à des extrémités aussi violentes, qu'avec le dessein et les moyens de les soutenir avec succès. De son côté il n'avait aucunes troupes à opposer aux premières entreprises, ce qui est important, et de plus le connétable qui, étant la cause directe du soulèvement, se trouvait le plus engagé à l'apaiser, venait de partir lorsqu'on lui en apprit la nouvelle. Ce qu'il y eut de singulier, c'est que le connétable passa par Blois, lieu du rendez-vous général des mécontents.

Le duc de Bourbon y était déjà avec les comtes de Vendôme et de Dunois, le seigneur de Chabannes, et quelques autres. Ils le reçurent en ennemi; et le comte de Dunois plus animé, l'aurait fait arrêter sur-le-champ, si le seigneur de Chabannes, par un sentiment de zèle pour sa patrie, ne s'y était opposé, en disant que le connétable étant le premier officier de la couronne, on devait, avant de rien attenter contre lui, se mettre dans le cas de lui opposer le nom du roi; que d'ailleurs étant gouverneur de l'Ile-de-France, sa détention pouvait occasionner la perte des villes de son gouvernement environné par les armées anglaises.

Le comte de Dunois n'était pas fait pour être longtemps rebelle à son roi ni à la raison. Il se rendit à l'avis de Chabannes, et laissa aller le connétable, bien persuadé qu'il venait d'échapper au plus grand péril qu'il eût couru de sa vie. Il fut néanmoins obligé de revenir sur ses pas, pour obéir à un ordre du roi qui le mandait à Amboise; mais n'osant repasser par Blois, il se mit sur la rivière, passa sous le pont de cette ville dans un bateau rempli d'archers, et arriva heureusement à Amboise.

Le roi, qui n'avait plus que lui de général, le reçut avec beaucoup de joie, et lui dit en l'embrassant : *Je ne crains plus rien, puisque j'ai mon connétable.* Charles n'avait jamais témoigné beaucoup de confiance ni de fermeté dans ses malheurs, quoi qu'il pût dire au connétable de sa confiance en lui, on remarqua aisément la situation de son esprit aux propositions qu'il fit. La première fut de se retirer dans la plus forte de ses places. Le connétable se récria : *Ah sire, que voulez-vous faire! souvenez-vous du roi Richard.* Ce prince, sous le règne précédent, avait été pris et livré à ses ennemis par la noblesse anglaise, pour s'être enfermé dans une ville. « Vous avez conquis » votre royaume sur des ennemis étrangers, sachez le » défendre contre vos sujets révoltés. La présence d'un » roi généreux vaut une grande armée ; mettez-vous à » la tête de ce que vous avez de troupes, marchez aux » ennemis, et vous les trouverez à demi vaincus. »

Le roi suivit ce conseil, et mandant de tous côtés la noblesse, il s'avança vers Poitiers. De là ce prince envoya un héraut au duc d'Alençon, pour lui ordonner de remettre M. le Dauphin en liberté. Le duc refusa d'obéir, et alla pour surprendre Saint-Maixant, où il avait quelque intelligence. En effet il s'empara de la ville ; mais les religieux de l'abbaye, secondés de plusieurs bourgeois, s'étant rendus maîtres d'une porte, y tinrent contre le duc d'Alençon jusqu'à l'arrivée des troupes du roi, qui l'obligèrent de se retirer. La noblesse du royaume, sollicitée par le dauphin et par les princes, leur fit de grandes protestations d'attachement et de services; mais elle crut devoir leur représenter qu'il serait honteux pour elle d'exposer contre son roi le reste du sang qu'elle avait versé sous eurs ordres contre les Anglais ses ennemis.

Le comte de Dunois, déjà touché de repentir, ne put soutenir ce reproche indirect. On lui avait donné tant de fois le nom glorieux de libérateur de la patrie, et de restaurateur du trône français, ce grand titre était changé contre celui de rebelle. Tout à coup il part, vient se jeter aux pieds du roi, et obtient son pardon. Mais la douceur que ce prince lui témoigna ne s'étendit pas sur les complices de sa faute. Le Dauphin, les ducs d'Alençon et de Bourbon furent obligés de s'en rapporter à sa clé-

12

mence, n'ayant voulu entendre parler d'aucunes conditions
avec eux. Le Dauphin et le duc de Bourbon prirent
ensemble le chemin de Cuflert où était le roi.

On vint leur dire à une demi-lieue de la ville, que la
grâce n'était pas pour les seigneurs de la Tremouille,
de Chaumont, et de Prie. *Je la refuse donc pour moi-même,*
s'écria le Dauphin en colère, *je n'abandonnerai point
mes serviteurs.* En même temps il voulut retourner sur ses
pas; mais le duc de Bourbon l'arrêtant, lui dit qu'il n'était
plus temps de reculer, et qu'il fallait subir la loi du plus
fort. Ce conseil suivi par le Dauphin ne fut point reconnu à
la cour; le duc de Bourbon y fut reçu comme un homme
que l'on se souciait peu de ménager, et à qui l'on voulait
faire sentir toute la grandeur de sa faute, et le prix de la
grâce dont elle était suivie.

Le Dauphin, outré de voir traiter ainsi ses principaux
partisans, parla haut et menaça de se retirer une seconde
fois. Mais quelle fut sa surprise, et celle de ses courtisans qui lui inspiraient cette opiniâtreté, lorsque le roi,
après avoir écouté ses plaintes avec froideur, lui dit : *Mon
fils, vous pouvez vous en aller si vous voulez, la porte de
la ville est ouverte, et si elle n'est pas assez grande, je
ferai abbattre vingt toises de la muraille pour faciliter
votre sortie.* Le Dauphin résolut dès ce moment de ne plus
rien témoigner de son mécontentement au roi, ni à ceux
qui pouvaient l'en instruire, et d'avoir pour dépositaire de
son secret le comte de Dunois seulement. Ce fut avec lui
que ce jeune prince, d'abord présomptueux et indiscret,
apprit le grand art de dissimuler, qu'il porta si loin lorsqu'il fut parvenu à la couronne.

Le comte de Dunois fut le seul des princes confédérés
pour qui le roi eut des égards, et cette distinction, en augmentant son crédit parmi la haute noblesse, le fortifia dans
le dessein de lui donner, par sa conduite à l'avenir, le
modèle d'une parfaite obéissance. La cause de sa révolte ne
subsistait plus et le duc d'Orléans son frère était revenu
en France. Il est vrai que ce prince ne jouissait pas de
toute la considération due à son rang; mais on n'avait
retranché ni son apanage ni ses autres revenus. A l'égard

de ses prétentions sur la communication des affaires du
gouvernement, le comte de Dunois était forcé de conve-
nir lui-même que, vivant sous un roi aussi prudent que
laborieux, les princes ne devaient entrer dans la connaissance de l'administration qu'autant qu'il le jugerait à
propos.

Aussi dans le temps même que le duc d'Orléans, soutenu du duc de Bourgogne et des ducs de Bourbon et de
Vendôme, menaçait l'État d'une nouvelle guerre civile,
le comte de Dunois lui fit sur ce sujet les plus fortes représentations, et demeura inébranlable dans sa fidélité,
malgré toutes les offres qu'on put lui faire pour le
gagner.

Le comte de Dunois n'avait plus de concurrent à la cour
depuis que le connétable Artus de Bretagne était devenu duc par la mort de son frère, et ses conseils étaient
ceux que le roi préférait. Il sut adoucir son esprit irrité
contre les princes, et d'un autre côté, sollicitant sans cesse
le duc d'Orléans à rentrer dans son devoir, il vint à bout
de le ramener à la cour, de dissiper le reste des mécontents, et de rendre encore une fois la paix à la France, qui
lui avait déjà été si souvent redevable de son salut.

Le roi profita de cette tranquillité pour se rendre dans
la Guyenne d'où il avait dessein de chasser les Anglais;
mais avant d'abandonner les provinces voisines de la capitale, il donna au comte de Dunois le pouvoir d'y commander en son absence en qualité de son lieutenant général, et lui laissa autant de troupes qu'il jugea nécessaires
pour continuer la guerre contre les Anglais. Le comte
passa d'abord en Normandie où les ennemis faisaient leurs
plus grands efforts, et se trouva en face du fameux Talbot,
contre lequel il avait combattu devant Orléans et à qui plusieurs défaites semblaient avoir appris l'art de vaincre
plus sûrement.

Talbot commença par assiéger Conches, qu'il était prêt
d'emporter d'emblée, lorsque le comte de Dunois, pour
obtenir une capitulation honorable à la garnison, que Talbot menaçait de faire passer au fil de l'épée, mit le siége
devant Gallandon, qu'il abandonna aussitôt que le général

anglais eut assuré la vie et la liberté de la garnison de
Conches.

Ces deux fameux capitaines s'observèrent alors; et
quoique l'art militaire fût encore dans une grande obscurité, leur génie et l'émulation qui les excitait leur four-
nissaient chaque jour de nouvelles découvertes pour se
nuire plus finement. Venant à bout de déconcerter mutuellement toutes leurs mesures, et au milieu du travail
le plus pénible qui est celui de l'esprit, ils semblaient demeurer dans une espèce d'inaction.

Enfin Talbot, après plusieurs marches dont il réussit à
cacher le but, s'éloigna du comte de Dunois, et alla mettre
le siège devant Dieppe. C'était déjà une victoire que d'avoir
su tromper la vigilance d'un homme tel que le comte de
Dunois L'Anglais s'en applaudit, et fit tirer jour et nuit
contre la ville deux cents pièces de canons, espérant la
prendre ou la réduire en poudre avant l'arrivée du secours.

Le général français connaissait toute l'importance de la
conservation de Dieppe. Sa prise livrait la Normandie entière aux ennemis, qui se seraient vus les maîtres de débarquer et de faire subsister dans cette province autant
de troupes qu'il en aurait fallu pour leur en assurer la
conquête. On lui rapporta en même temps l'inquiétude
du roi au sujet de ce siège, et comme s'il eût voulu se punir de n'avoir pas deviné l'intention de son ennemi, il se
jeta dans la ville assiégée avec huit à neuf cents hommes,
résolus de périr ou de la conserver.

Talbot ayant appris l'arrivée de ce puissant secours dans
la place, fit redoubler le feu de ses batteries, et détruisait
à chaque instant les nouveaux remparts que la vigilance
des assiégés lui opposait sans cesse. Mais souvent on employait contre lui les brèches que son canon avait faites.
Le comte de Dunois, profitant de ces ouvertures pour
joindre plutôt les ennemis, entrait dans leur camp, tuait
et enlevait ce qui s'offrait d'abord à lui, et rentrait toujours avec peu de perte et beaucoup de gloire. Témoin de
l'expérience du gouverneur et du courage déterminé des
habitants, il crut pouvoir pour peu de temps leur laisser

le soin de leur propre défense, et de sa réputation qui se trouvait en compromis avec celle de Talbot.

Le comte de Dunois partit donc de Dieppe et se rendit auprès du roi, qui faisait la guerre en Poitou avec succès. Il rassura ce prince sur sa crainte de perdre Dieppe, lui promettant qu'avec un faible secours on viendrait aisément à bout d'en éloigner les ennemis. Charles avait d'abord dessein d'aller le conduire en personne, ou de le confier seulement au comte de Dunois; mais ce seigneur, qui voulait signaler son attachement pour le Dauphin en lui donnant les moyens d'acquérir de la gloire, fit entendre au roi que sa présence étant nécessaire dans le Poitou pour assurer ses nouvelles conquêtes, l'honneur de délivrer Dieppe ne pouvait être accordé à personne qu'à M. le Dauphin; que son nom animerait les soldats, inspirerait de la crainte aux ennemis, et deviendrait la récompense du courage et de la fidélité des habitants de Dieppe.

Le Dauphin fut donc mis à la tête d'un gros détachement de l'armée du roi, et revêtu du titre de gouverneur d'entre la Seine et la Saône; il partit accompagné du comte de Dunois, qui lui avait procuré ces avantages et qui les partageait avec lui. Le secours arriva devant la place le 3 août. Sur-le-champ l'assaut fut ordonné contre la bastille des Anglais, et les ennemis le soutinrent d'une façon à faire courir autant de danger qu'elle promettait de gloire à leurs vainqueurs. Le Dauphin et le comte de Dunois, toujours présents et les premiers aux coups, animaient de telle sorte par leur exemple, qu'ils n'avaient besoin d'employer l'autorité que pour donner l'ordre à leur courage. Ils forcèrent enfin la bastille, où ils n'entrèrent qu'en passant sur le ventre à ses défenseurs. Tous se firent tuer, et quelques Français de leur parti, échappés au carnage, furent pendus comme traîtres à la patrie par ordre du Dauphin.

La reconnaissance de ce prince pour le comte de Dunois fut signalée aux yeux de toute la France, par la demande qu'il fit en sa faveur de gouvernements de provinces, de pensions et de marques d'honneur, demandant comme grâce principale qu'on voulût bien donner à ce seigneur la

lieutenance générale des armées, dont le roi son père lui
confierait le commandement. Le Dauphin pensait en cela
suivant le désir de Charles, qui ayant beaucoup à craindre
de l'impétuosité de son âge, voulait auprès de sa personne
un général assez sage et assez autorisé pour le contenir.

Les avantages remportés par la France depuis plusieurs
années sur les Anglais, et surtout la ruine entière de
l'armée de Talbot au siège de Dieppe, les avait obligés de
penser à la paix : et contre leur coutume, ils en firent les
premières propositions. L'avis du comte de Dunois était
qu'on les rejetât absolument, la connaissance qu'il avait de
la faiblesse de ces implacables ennemis de la France lui
faisant espérer de les en chasser en peu de temps ; la conduite qu'ils tinrent après la conclusion d'une trêve qui
leur fut enfin accordée, justifia la sagesse de son conseil.

On les vit accourir dans les places de France les mieux
fournies, pour y acheter à un prix exhorbitant les vivres et
les munitions dont ils manquaient, on leva de nouvelles
troupes par leur ordre, leurs villes en furent remplies, et
se trouvant en état de résister, ils refusèrent de faire la
restitution de la ville du Mans, à quoi le roi d'Angleterre
s'était engagé par le dernier traité. Cette place appartenait
au comte du Maine qui possédait depuis longtemps la
faveur du roi, et qui par le bon usage qu'il en savait faire,
au lieu d'exciter la jalousie, avait mérité l'attachement de
toute la haute noblesse. Le comte de Dunois surtout s'était
montré ardent en plusieurs occasions pour défendre ses
intérêts, et il fut le premier à solliciter des troupes pour
s'emparer par la force de la ville contestée. C'était ainsi,
selon lui, qu'on devait en user avec des ennemis fiers et
opiniâtres, qui jusque-là avaient prétendu faire la loi dans
les traités, et pouvoir les enfreindre impunément.

Charles avait cédé assez longtemps à la fortune des
Anglais, pour être flatté de pouvoir leur faire à son tour
éprouver sa puissance ; il donna une armée au comte de
Dunois, et en peu de jours la ville du Mans se vit réduite à
l'extrémité. Le vainqueur, pour faire mieux remarquer
l'ascendant que sa nation avait enfin pris sur les Anglais,
continua de battre la place sans vouloir écouter aucunes

propositions. Il déclara même aux assiégés qu'ils devaient s'attendre au même sort que tant de garnisons françaises qu'ils avaient fait passer au fil de l'épée. Le roi d'Angleterre, effrayé de cette résolution, envoya supplier Charles de vouloir bien lui accorder la grâce des troupes enfermées dans le Mans, offrant pour leur sauver la vie de lui rendre avec cette ville, celle de Mayenne, son château, et quelques autres places du même pays. De là le comte de Dunois conduisit l'armée victorieuse au secours d'Artus, duc de Bretagne, qu'il aida à triompher des Anglais leurs ennemis communs.

La jalousie qu'on avait vue autrefois entre ces deux grands capitaines, avait cessé depuis l'élévation d'Artus au duché de Bretagne, cette passion ne subsistant d'ordinaire qu'entre les égaux. C'était assez pour la gloire du comte de Dunois, qu'il eût délivré sa patrie du joug des ennemis qui l'opprimaient; mais c'était peu pour son zèle, et étant revenu à la cour, il fit part au roi de plusieurs projets pour la campagne d'après, que l'on se détermina à suivre dans le temps. En conséquence de ce dessein, Charles amassa de l'argent de tous côtés. Ce prince avait été assez longtemps dans la disette à cet égard, pour en connaître tout le prix et les moyens d'en acquérir. Jacques Cœur dont il a été parlé dans l'histoire des ministres, trouva les fonds nécessaires, pendant que le comte de Dunois travaillait de concert avec les ambassadeurs du roi d'Angleterre et de plusieurs autres princes de l'Europe, à terminer enfin le concile de Basle, et le schisme qui le tenait assemblé.

Amédée, autrefois duc de Savoie, disputait la tiare à Nicolas V, ou plutôt chacun d'eux s'en croyait le légitime possesseur, et leurs prétentions, soutenues avec une égale vigueur, divisaient l'Église catholique. La religion est liée par tant d'endroits à la politique des princes et à l'intérêt des peuples, que les puissances séculières se trouvent obligées d'entrer dans les différends qui surviennent à son occasion, et d'employer souvent l'autorité pour les terminer.

On fut contraint d'en faire usage en cette circonstance

et lorsque Félix vit arriver au lieu des conférences et à Basle un négociateur tel que le comte de Dunois, il ne douta point que le roi de France, protecteur de son concurrent, ne voulût voir finir cette longue discussion à son désavantage. En effet, la France, persuadée du droit de Nicolas V, demanda hautement au concile la déposition de son concurrent par la bouche du comte de Dunois. Il soutint ce sentiment avec autant de fermeté que d'éloquence; et se rendant le maître des conditions auxquelles Félix voulait se soumettre, il engagea Nicolas à les accepter. L'union et la paix furent ainsi rétablies dans l'Église, et le concile contre qui les peuples avaient si longtemps murmuré, mit fin à ses assemblées par ce grand ouvrage. Mais on en fit grand honneur à la sagesse du roi de France et à l'habileté du comte de Dunois qui avait agi par ses ordres.

Alors, déposant le titre d'ambassadeur, il redevint militaire, pour exciter son maître à venger la nouvelle injure des Anglais contre lui. Ils venaient d'enfreindre la trêve, en attaquant le duc de Bretagne, et pendant l'absence du comte de Dunois, plusieurs de leur parti avaient surpris des places et livré de petits combats. D'abord on voulait se plaindre par la voix des ambassadeurs; mais le comte, mieux instruit du caractère des ennemis, crut qu'on réussirait plus sûrement en leur opposant la violence, et ne demanda la restitution d'une place nouvellement conquise, qu'en s'emparant de Pont-de-l'Arche. Les Anglais se récrièrent à leur tour, et se trouvant enfin lésés, ils voulurent intéresser à leur cause quelques puissances voisines. Mais Charles les avait prévenus, et voulant mettre à exécution les projets dont le comte de Dunois l'avait entretenu avant son départ pour Basle, il leur fit déclarer la guerre par le duc de Bretagne, et entra en Normandie à la tête d'une armée qu'il divisa en quatre corps dont l'un fut confié au comte de Dunois.

Ce général s'empara d'abord des châteaux d'Harcourt, de Cambrai, d'Hiemes et d'Argentan, s'attachant, ainsi que les autres chefs, à la conquête de ces petites places pour faciliter le siège de Rouen, objet principal des desseins du comte de Dunois; et sur quelques avis que lui donnèrent les bourgeois de Rouen dévoués au roi, il crut avoir trouvé le moment marqué pour cette conquête, marcha à la tête de l'armée entière qui s'était réunie sous ses ordres, et se présenta en bataille devant cette ville, dans l'espérance d'en faire soulever les habitants; mais il se trouva encore pour ennemi le brave Talbot, dont la vigilance déconcerta toutes ses mesures, et après avoir demeuré trois jours à la vue de la place par un temps fâcheux, il se vit forcé de ramener l'armée au Pont-de-l'Arche où le roi l'attendait.

La conquête de Rouen paraissait si importante au comte de Dunois, qu'il en perdait l'espérance à regret; et ce général entretenait le roi des moyens d'augmenter l'armée afin de pouvoir investir cette ville, et s'en rendre le maître par un siège régulier. Rouen est de toutes les grandes villes du royaume, celle dont on a le moins augmenté l'étendue, et l'on peut juger par celle qu'elle a aujourd'hui du nombre de troupes qu'il aurait fallu pour former une circonvallation exacte et suffisammment remplie.

Le roi montrait au comte l'impuissance où il se trouvait de faire des levées aussi considérables, et la nécessité de se borner à des expéditions moins difficiles. Le comte persistait à soutenir que céder ainsi aux Anglais, était rendre à leurs armes l'air de supériorité que tant de défaites leur avaient fait perdre. Que reprendre Rouen était donner au royaume un revenu certain à cause du commerce de cette grande ville, et que le peuple, satisfait par ce point de vue, contribuerait sans peine aux nouveaux frais qu'on serait contraint de faire.

Charles voulait proposer la chose à son conseil, et le comte s'y opposait, soutenant qu'en certaines occasions où le bien est évident, il faut agir sans consulter; les lenteurs ordinaires des délibérations, et l'opposition que met dans les avis la différence d'intérêts, faisant souvent perdre le fruit des meilleurs desseins. L'avantage de l'État animait de telle sorte le comte, qu'il employait jusqu'à l'importunité pour vaincre l'éloignement que ce prince témoignait pour le siège de Rouen. Talbot défendait la place, et le désir de vaincre ce grand capitaine sur un si fameux théâtre

donnait une force nouvelle au zèle du comte. Tout à coup
on annonça au roi l'arrivée d'un habitant de Rouen envoyé
de la part des bourgeois de son parti, pour lui dire qu'ils
étaient prêts à lui livrer deux tours et une grande étendue
de murailles, dont on leur avait confié la garde.

Le comte de Dunois reçoit ordre de partir, et au comble
de la joie, il arrive le 16 octobre au pied des murailles de
Rouen. Les bourgeois lui avaient tenu parole, et l'attendaient dans leurs tours; mais il éprouva alors que souvent
l'empressement nuit aux succès, et qu'en ces circonstances
c'est être grand que de savoir descendre aux plus petits
détails. On chercha de tous côtés des échelles, et il s'en
trouva un si petit nombre qu'elles ne pouvaient suffire à
la moitié des soldats commandés pour monter sur la muraille. Les plus près s'en emparèrent d'abord; mais les
autres, jaloux de cet avantage, les leur disputaient avec
opiniâtreté, ce qui augmentait le danger et le bruit. D'un
autre côté, les bourgeois, dans la crainte d'être découverts,
exhortaient par signes du haut des murs les soldats à venir
promptement à leur secours; mais aucun ne voulait céder à son compagnon l'honneur d'y arriver le premier. Le
comte de Dunois, qui s'était tenu un peu éloigné avec un
corps de réserve, arriva enfin outré de dépit; il repoussa
lui-même les soldats trop empressés, et fit montrer les
autres que les bourgeois reçurent avec un applaudisse-
ment qui leur devint funeste.

Talbot, qui dormait en général et en gouverneur de
place menacée, c'est-à-dire qui ne prenait de repos que
sous les armes, était dans ce moment à faire la ronde sur
les remparts, et déjà il avait passé la partie occupée par
les bourgeois conjurés, lorsque, entendant le bruit qui se
fit à l'arrivée des soldats français, et remarquant de ce
côté-là un mouvement extraordinaire, il revint sur ses
pas, suivi de trois cents hommes, et chargea avec tant de
vigueur environ cinquante soldats qui étaient déjà montés,
qu'en même temps que le comte de Dunois entendit crier:
Talbot, Talbot, par les soldats de ce général, il vit re-
tomber les siens percés de coups dans les fossés. Les bourgeois n'eurent pas un meilleur sort, ceux qui ne furent

pas tués à la première charge des Anglais, voulant éviter le supplice, se jetèrent dans les fossés d'où il en revint peu qui ne fussent dangereusement blessés. Le comte de Dunois, au désespoir, et ne doutant pas qu'après un pareil accident le roi ne lui défendît de rien entreprendre contre Rouen, reprit tristement le chemin du Pont-de-l'Arche où ce prince l'attendait.

L'accueil gracieux qu'il en reçut ne le consola pas de sa disgrâce, et n'osant s'ouvrir sur les moyens de la réparer, il agit sous main en conséquence de son projet. Par son ordre on redoubla les gardes sur les deux rives de la Seine pour empêcher les vivres d'entrer dans Rouen, et couper entièrement son commerce de ce côté-là. En même temps il vint à bout d'introduire dans Rouen quelques personnes adroites, pour parler aux bourgeois et les engager à une nouvelle conjuration contre les Anglais. La ville se trouvait alors divisée en trois partis. Le plus nombreux était pour le roi, l'autre soutenait les Anglais, et le dernier était composé de ces gens qui, n'ayant rien à perdre, tirent de ce dénuement une indifférence totale sur le choix du prince, et se rangent sans peine du côté dominant. D'abord on s'adressa aux amis des Anglais, dont plusieurs pleuraient la perte des bourgeois tués sur le rempart à la dernière occasion.

Talbot, dont la haute valeur avait été jusque-là l'objet de leur admiration, leur devint odieux aussitôt que cette même valeur leur eut été funeste. Ils menaçaient hautement de le mettre en pièces; et protestaient que sans la fidélité qu'on leur avait fait jurer au roi d'Angleterre, ils livreraient, pour se venger, leur ville et leurs personnes à la discrétion du roi de France. On choisit cet instant pour leur parler des avantages qu'ils pouvaient espérer de ce prince, s'ils se soumettaient en effet à ses lois.

On leur représenta que le bonheur des armes de Charles et la rapidité de ses conquêtes ne devaient plus les laisser douter qu'il ne vînt à bout en peu de temps de les soumettre par la force. Que déjà les vivres et la plus grande partie du commerce leur étaient retranchés par le moyen du Pont-de-l'Arche; que le désir du gain, le plus fort de tous les désirs, que la disette et la faim, combattaient déjà en sa faveur dans leur ville; que la force de ces ennemis domestiques augmentait chaque jour, et que l'exemple de Paris, surprise malgré la vigilance des Anglais, devait leur faire connaître ce qu'ils avaient à craindre d'une pareille destinée. Aujourd'hui, ajoute-t-on, vous pouvez par une reddition prompte, attendre tout de la bienveillance d'un monarque reconnaissant; mais un jour de plus peut-être vous fera voir un maître irrité, en état et sans doute dans le dessein de punir votre obstination.

Les bourgeois les plus attachés aux Anglais cédèrent à ces raisons, ils ne virent plus qu'un péril manifeste dans leur confiance pour ce peuple, et le lendemain les principaux de la ville s'étant assemblés chez l'archevêque, on ne manqua pas de résoudre qu'il était indispensable de se soumettre au plus tôt, tant le peuple est facile à adopter une opinion, pour peu qu'elle semble conforme à son intérêt. L'archevêque lui-même sortit avec la foule, et fut le premier à déclarer au peuple le dessein où l'on était de livrer la ville au roi. On ne lui répondit que par des grandes acclamations, et le duc de Sommerset ayant paru dans les rues avec ses gardes, le peuple le menaça de le mettre en pièces ainsi que Talbot. Tout ce que le duc put gagner par l'extrême modération qu'il fit paraître, fut une assemblée pour le lendemain à l'Hôtel de Ville, où le peuple soutint opiniâtrément son opinion de la veille, et ses députés se rendirent sur-le-champ à l'armée du roi.

Le comte de Dunois attendait impatiemment la confirmation des heureuses nouvelles dont on l'avait déjà informé. Il aurait désiré que la garnison anglaise se fût rendue à discrétion; mais le duc de Sommerset ayant aussi envoyé des députés au roi, ce prince voulut bien lui accorder une capitulation dont on convint de dresser les articles au port Saint-Ouen.

Le comte de Dunois fut chargé de cette commission de la part du roi, avec plusieurs autres; et les Anglais jugèrent aisément par ce choix qu'on n'avait point envie de leur accorder rien de favorable. En effet, les envoyés du duc de Sommerset ayant déclaré qu'ils ne pouvaient se résoudre à la reddition de la ville, ce prince les renvoya brusquement avec menace de les passer au fil de l'épée, s'ils attendaient qu'on les forçât dans les postes dont ils auraient pu s'emparer malgré les bourgeois.

L'archevêque et les autres députés de la ville n'y rentrèrent que bien avant dans la nuit, et le lendemain à la pointe du jour on tint une nouvelle assemblée à l'Hôtel de Ville. Le duc de Sommerset et Talbot s'y trouvèrent bien accompagnés. Le premier, naturellement modéré, voulait tenter de ramener les esprits par la douceur, ou céder de bonne grâce à la fortune; mais Talbot n'observa point de ménagement. Il dit en peu de mots ce que les Anglais et lui-même avaient fait pour la ville, reprocha aux habitants leur lâche ingratitude, et sortit, dédaignant, dit-il, de communiquer davantage avec des traîtres, et voulant se mettre en état de les punir.

Aussitôt le signal ayant été donné, ses troupes s'emparèrent du pont de Rouen, des tours, du château, des postes les plus avantageux sur les murailles, et enfin du vieux palais. Il ne restait plus aux bourgeois que les maisons et les rues; ils s'y retranchèrent et bloquèrent tous les lieux occupés par les Anglais. Le bruit des instruments de guerre se fit entendre alors de toutes parts dans la ville, et se mêla au son des cloches pour avertir tous les habitants de prendre les armes. Presque tous accoururent au signal, et les Anglais les voyant ainsi s'assembler du haut de leurs tours, ne doutaient point de leur défaite. La plupart inclinaient à se rendre sans attendre une extrémité qui ne pouvait qu'empirer leur condition sans rien diminuer de leur perte.

Talbot fut presque le seul à soutenir l'avis contraire. Son courage l'empêchait de faire attention au nombre de ses soldats, ou plutôt à celui des ennemis. Voulant inspirer à ses gens une partie de sa résolution, il passait tour à tour des promesses aux menaces, faisait envisager l'espérance d'être secouru, la gloire de résister à un nombre supérieur, comme aux fameuses batailles de Poitiers et d'Azincourt et s'abaissait à la prière pour ne point céder à la force.

Enfin les Anglais eurent honte de montrer tous ensemble moins de hardiesse et de valeur qu'un seul homme, et ayant appris que les bourgeois avaient envoyé à l'armée du roi pendant la nuit pour lui demander du secours, ils descendirent des tours et des remparts, marchèrent en troupe et en bataille dans les rues, bravant les bourgeois, et s'approchant exprès de leurs barricades, afin de leur montrer combien ils les craignaient peu.

Les habitants de Rouen, quoique tous bien armés, n'étaient pas tous soldats; et d'abord ils souffrirent les injures des Anglais avec assez de patience; mais ayant appris que le comte de Dunois s'avançait en diligence à leur secours, ils firent de furieuses sorties de toutes parts, et le nombre prévalant sur la valeur, Talbot, après avoir fait des prodiges, vit chasser ses gens des murailles, des tours, de la plupart des portes, et lui-même forcé de s'enfermer dans le vieux palais avec le duc de Sommerset.

Le combat finissait lorsque le comte de Dunois se présenta devant le fort de Sainte-Catherine. Ce fort semblait imprenable sans artillerie; mais le comte essayant la fortune, fit sommer le commandant avec menaces; elles l'effrayèrent et il se rendit. Dès que le reste des troupes que le comte avait fait avancer par la porte de Martinville fut arrivé, les bourgeois le vinrent complimenter, et en lui présentant les clefs de la ville, lui dirent qu'il en était le maître absolu.

Le comte de Dunois leur répondit que le roi avait une si grande confiance en leur fidélité, qu'il ne voulait mettre de soldats dans leur ville qu'autant qu'ils en voudraient pour les aider à chasser leurs ennemis. Les bourgeois, avec cette confiance ordinaire au peuple dans les premiers moments des nouvelles dominations, répliquèrent qu'ils recevraient si l'on voulait toute l'armée. Ils étaient les mêmes qui, quelques mois auparavant, avaient refusé obstinément cinq cents hommes de plus que le duc de Sommerset voulait faire venir pour leur sûreté.

Ce prince, quelques jours après l'arrivée du roi dans la ville, fut obligé de se rendre à discrétion, rachetant sa liberté et celle de ses compagnons par la cession des places les plus considérables qui restaient aux Anglais dans la Normandie; en sorte que le roi en une campagne se vit le maître absolu de cette grande province. Ce qui acheva de flatter le comte de Dunois, fut que Talbot demeura en otage entre ses mains : c'était le témoignage le plus assuré de sa victoire sur lui, et peut-être lui aurait-on reproché d'en avoir montré trop de joie, si la générosité de sa conduite avec Talbot n'avait prouvé qu'il n'en voulait qu'à la gloire militaire de ce grand homme.

La conquête de la Normandie était en partie l'ouvrage du comte de Dunois; il restait à soumettre la Guyenne, province moins considérable à quelques égards, mais beaucoup mieux défendue que la première. C'était le premier siège de la domination anglaise en France; et la longue résidence du roi Édouard III et du prince de Galles son fils, avait fait autant d'Anglais qu'il se trouvait d'habitants dans le pays. Ainsi on ne pouvait espérer, sans quelque chose d'extraordinaire, de se rendre maître des villes par le moyen des intelligences, ainsi que dans les autres parties du royaume, et la force pouvait seule en assurer la conquête.

Le comte de Dunois l'employa avec son bonheur ordinaire, et prit en peu de jours Mont-Guyon et Blaye. Il se trouva dans cette dernière place un grand seigneur du pays nommé Pierre de Montferrand. Le vainqueur profita en homme habile d'une si heureuse rencontre, et ayant fait avec lui un traité où il donnait la loi, ce seigneur lui remit cinq forteresses importantes qu'il possédait dans le pays. Libourne et Bourg suivirent la destinée des deux premières places, et Fronsac se soumit à leur exemple.

Il est nécessaire de dire que ces villes étaient des plus considérables de la Guyenne par la force de leur situation et des ouvrages dont les Anglais les avaient environnées, la facilité qu'on eut à en faire la conquête ne donnant aucune idée de leur force. Les Bordelais, à qui la prise de ces villes ôtait l'avantage des rivières considérables qui servent à leur navigation et à leur commerce, se voyant menacés d'un siège prochain, et éloignés de secours, députèrent vers le comte de Dunois qui était encore sous les murailles de

Fronsac; et au grand étonnement de toute la France, ils convinrent avec lui que si les Anglais ne paraissaient point dans un certain temps en état de livrer bataille, ils se soumettraient avec tout le pays de leur dépendance.

Le comte de Dunois accepta cette condition, fit cesser tous les actes d'hostilité, et manda de tous côtés de nouvelles troupes, afin de pouvoir opposer une armée nombreuse à celle que les Anglais promettaient d'assembler; mais n'ayant point été en état de se mettre en campagne dans le temps fixé, les Bordelais firent signifier leur traité aux généraux de cette nation, et ouvrirent les portes de leur ville aux troupes françaises.

Le comte de Dunois fit son entrée à Bordeaux avec la même pompe que le roi dont il représentait la personne. On chanta des hymnes à son honneur suivant l'usage de ce temps-là. Il reçut les serments de la ville et promit de conserver les privilèges du pays. On le pria de commencer par assurer les biens des habitants de la ville, menacés d'éprouver l'avidité du soldat. Il avait déjà donné ses ordres à ce sujet, et fit pendre à l'instant un soldat qui les avait enfreints. De Bordeaux le comte de Dunois passa à Bayonne qu'il soumit. Ainsi finit à la fin d'août la conquête de la Guyenne entière, que ce général avait commencée au mois de mai de la même année.

Les prospérités dont la France se trouva alors comblée firent leur effet ordinaire, qui est de corrompre les mœurs. Le Dauphin, trop ambitieux pour être jamais pleinement satisfait, écouta les conseils de quelques brouillons, et s'obstina à demeurer dans le Dauphiné où il agissait en souverain indépendant, faisant à son gré la guerre ou la paix, et presque toujours à son avantage. Mais sa cour devenant l'asile de tous les mécontents de France, le roi craignit les suites de cet assemblage, et pour les prévenir envoya ordre au Dauphin de se rendre auprès de lui. Le prince, loin d'obéir, et ne se trouvant point en état de résister, se sauva dans les États du duc de Bourgogne. Cette retraite ne causa aucune inquiétude au roi, qui était assuré de la probité et de l'amour qu'avait pour la paix le nouvel hôte de son fils.

Cette faute du Dauphin donna beaucoup de déplaisir au comte de Dunois, qui, à cause de son attachement pour sa personne, craignait d'être soupçonné d'avoir eu part à ses desseins. Le roi le tira bientôt de cette inquiétude, en lui donnant une marque de confiance dont l'occasion pensa être un événement funeste pour le royaume.

Jean, duc d'Alençon, prince du sang, était du parti du Dauphin et mécontent de la cour. Il résolut, pour se venger de quelque affront qu'il avait reçu, de traiter avec le roi d'Angleterre à qui il promit de livrer plusieurs places. Le duc d'Alençon dit son secret à un si grand nombre de personnes qu'il devint suspect à la cour; on le fit observer de près, et ses lettres ayant été interceptées on les envoya au roi, à qui elles apprirent toute la suite de la conjuration.

Ce monarque, qui combattait depuis son enfance pour conquérir ses États sur des étrangers, et conserver la France aux Français, rappelant en cette occasion le souvenir de la première révolte de son fils, de son absence du royaume, et enfin cette dernière entreprise, s'écria tristement : *A qui me fierai-je désormais, puisque les princes mêmes de mon sang me trahissent!*

Le comte de Dunois fut chargé de l'ordre de l'arrêter, et se rendit à Paris où le duc d'Alençon était venu depuis peu. Les domestiques de ce prince étaient en grand nombre ; le peuple de Paris l'aimait, et l'on ignorait jusqu'à quel point il avait pu faire usage de cette affection. Le comte de Dunois crut donc devoir s'assurer du prévôt de Paris et des archers qu'il avait sous ses ordres.

Ayant ainsi tout disposé, il se rendit avec sa suite chez le duc d'Alençon, et ce prince, qui n'avait point cette défiance ordinaire et nécessaire aux coupables, ne se doutant de rien, le reçut avec de grands témoignages d'amitié. Il en coûta plus au comte pour exécuter sa commission; mais étant averti de l'arrivée du prévôt de Paris avec ses archers, il fit de grandes excuses au duc d'Alençon qui se terminèrent par lui dire : *Je vous fais prisonnier du roi.* La chambre, l'escalier, les portes et les avenues de sa maison furent en un instant occupés par les gens du

13

comte, et ayant fait monter le duc d'Alençon à cheval, il fut conduit en Bourbonnais. Deux années après, ce prince se vit condamné à avoir la tête coupée ; mais le roi commua sa peine en une prison perpétuelle, d'où il fut tiré par le Dauphin après la mort de ce monarque.

Charles survécut peu à la condamnation du duc d'Alençon. Un avis qu'on lui donna, que quelques mécontents en voulaient à sa vie, lui en fit abréger le cours. Il refusa opiniâtrément de prendre aucune nourriture, et mourut agité d'inquiétude et de crainte à l'âge de soixante ans, après avoir procuré à ses sujets par trente années de peine et de travaux, un repos qu'il ne put jamais goûter lui-même.

La mort de Charles VII, en plaçant Louis XI, son fils, sur le trône, ne donna pas au comte de Dunois un protecteur zélé. Les liaisons de ce prince avec le Dauphin pendant sa jeunesse ne devinrent point un titre pour lui auprès du nouveau roi ; il eut besoin de tout son mérite pour se soutenir, et d'être nécessaire pour se voir employé.

Peu après même, comme si Louis XI avait mis sa gloire à détruire tout ce que la vertu, ainsi que la reconnaissance du feu roi avait élevé, ce monarque affecta de montrer à sa cour indignée, le brave comte de Dunois, ce restaurateur du trône, sans crédit et sans considération.

Cette ingratitude fut comme le signal d'une nouvelle guerre civile nommée par ses auteurs la guerre du bien public, et dont tous les princes du sang se déclarèrent les chefs. On y comptait avec le comte de Charolais, fils du duc de Bourgogne, Jean, duc de Bourbon, Jean, duc de Calabre, le duc d'Alençon, le duc de Bretagne, et enfin Charles, duc de Berry, frère unique du roi. Ces princes levèrent des troupes de tous côtés, et composèrent plusieurs armées ; mais le nombre des chefs en diminua la force, et cette guerre commencée avec tant d'appareil se termina sans avantage et sans gloire de part ni d'autre. On en voit en plusieurs endroits un détail fort exact. Elle n'eut rien de singulier que le peu d'habileté que le roi et le comte de Charolais témoignèrent mutuellement pour la conduite d'une armée. Ils se donnèrent bataille presque sans le savoir auprès de Montléry, et tous deux crurent longtemps l'avoir perdue. Enfin l'armée du comte de Charolais ayant été fortifiée par les troupes du duc de Bretagne, par l'arrivée de tous les princes, et surtout par la présence du comte de Dunois, elle reprit une nouvelle vigueur, et alla mettre le siège devant Paris dont le roi s'était éloigné.

Dans le dessein où les princes étaient de profiter de son absence, ils écrivirent aux Parisiens, et reçurent leurs députés, à qui le comte de Dunois parla avec tant de force et d'éloquence que l'armée et ses chefs allaient être reçus dans la ville, sans le prompt retour du roi dans cette capitale.

Comme cette guerre et ces opérations, dépendantes des volontés contraires et des intérêts de cinq à six princes, étaient assez mal ordonnées, et que les affaires du roi n'étaient pas dans une meilleure situation, on songea à la paix de part et d'autre.

Le comte de Dunois fut nommé plénipotentiaire pour son parti; il fit rendre à chacun de ceux qui le composaient, ce qu'ils possédaient avant la guerre. Lui-même rentra dans la jouissance de ses biens et de ses honneurs, et le roi voulant le gagner, le nomma président d'un conseil formé pour la réformation de la justice; il désira même qu'il restât à sa cour où il feignit de lui témoigner une considération extrême. Le comte ne douta jamais de son peu de sincérité; mais n'ayant pu, à force de fidélité, de services et de vertu, exciter la reconnaissance d'un prince ingrat même à son père, ce fut pour lui une espèce de compensation bien glorieuse que de l'avoir réduit à feindre.

Le peu d'agrément que le comte de Dunois recevait dans une cour où il avait toujours dominé, lui inspirant du goût pour la retraite, il ne chercha plus les emplois qui le fuyaient, et mourut avec le titre du libérateur de la France, à l'âge de soixante-sept ans, l'an 1470, avec le souvenir de ses actions qui rendront son nom immortel. Il laissa un fils qui sut en conserver l'honneur, et le dernier de ses descendants[1], mourut en brave homme au passage du Rhin, à côté du grand Condé son oncle.

1. Charles-Paris d'Orléans, duc de Longueville, etc., né le 29 janvier 1649, tué au passage du Rhin le 12 juin 1672, avait toutes les qualités du corps et de l'esprit qui rendent un prince aimable; il emporta en mourant les regrets de toute la France, et ne laissa qu'un bâtard appelé le chevalier de Longueville, qui fut tué en 1688 au siège de Philisbourg.

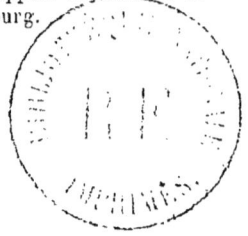

FIN

PARIS. — IMPRIMERIE ÉMILE MARTINET, RUE MIGNON, 2.

www.ingramcontent.com/pod-product-compliance
Lightning Source LLC
Chambersburg PA
CBHW071949090426
42740CB00011B/1871

* 9 7 8 2 0 1 9 5 4 3 6 2 4 *